純子先生の虹色ノート

困らせたっていいんだよ、甘えたっていいんだよ！

文　篠崎純子
さし絵　おくはらゆめ

高文研

もくじ

第Ⅰ部　荒れた学級

第II部　女子グループが抱える問題

第III部　発達に困難を抱えた子どもたち

カバー・本文章扉・さし絵……おくはらゆめ
装丁・商業デザインセンター……増田 絵里

第Ⅰ部

荒れた学級

第Ⅰ部　荒れた学級

1 うわさ通りの学年

四月五日、校庭での始業式。私が担任する三年一組のあたりに怪しい砂ぼこり。よーく目をこらすと、タオルで前の子の首をしめている子どもがいる。翔だ。

翔は一年生の時、「学校はうそつきだ。甘柿の格好をしている渋柿を植えている」と職員室に怒鳴り込み、柿を取ったことがばれてしまったという豪快な子どもだ。

屈強な男の先生があわてて止めに入るが、翔たちが暴れるので、ケンカが飛び火している。

この学年は荒れていて、二年生の時には担任が四人替わった。車にコインで傷をつけたり、神社のおさい銭を取ったりして、学校の電話が鳴ると、大抵二年生の子どもへの苦情だった。授業エスケープや放課後の家出など、事件がよく起こっていた。うわさ通りのすごさだ。

ふと隣の二組を見ると、朝礼台の前に、子どもたちが整列を始めている。一メートル八三センチの男の先生がにらんでいるだけで並び始めたのだ。「先生、一組も！」とお願いしてみると、やっと半

分くらいが並んだ。こわい顔には反応するらしい。私もまねをするが、効果はなかった。「こわい・こわくない」を読み取る子どもたち。

春休みには、子どもたちの写真を見て名前を覚えた。混乱するだろうと予想し、下駄箱はもちろん、机、ロッカー、廊下のもの掛け、椅子にまで、名前を書いた。新一年生と同じように気合いを入れて準備をした。それでも努力は子どもたちには通じず、はじき飛ばされる。

しかし、一つだけ成功したものがあった。それは、配布プリントをとじ、氏名印を押しておいたことだ。プリントは予想した通り床にたくさん落ちていたが、誰のものかすぐわかった。

始業式の後はすぐ入学式なので、校庭でクラスごとに集まる。少しでも楽しくと思い、じゃんけんゲームをやった。するとけんかになってしまった。「先生、やんないほうがよかったね。勝ち負けのあるものは」とサエに言われた。その通りだ。

桜の花がちらちら散る中で、私の心も散ってしまいそうだった。

第Ⅰ部　荒れた学級

②　並ばせ係誕生！

新学期が始まっても落ち着かず、どこかでけんかが起きていた。

四月半ば、保健室で内科検診があった。私が記録をしていると、太一が鼻血を出し、強は顔から血を出して、保健室に戻って来た。校医さんは、けがの手当てをしながら、

「先生も校務災害に遭うかもしれないね。ガマンしないですぐ来るんだよ」と言った。

主任からは「もう先生は教室へ戻って！」と怒り声で言われた。子どもたちからも、「先生しっかりしてよ」と言われ、不満が出始めていた。このままでは、どうにもならない。ダメもとと割り切って、何か行動を起こそうと考えた。「大声チャンピオン大会」を思いつき、子どもたちに提案した。

◆セリフ「並ぼう」

◆武器や暴力は使ってはいけない。

◆何人並べたかで勝負を決める。

翔がいつものど迫力で、チャンピオンになろうとした。その時、教室を飛び出していたリュウが帰ってきて、「俺にもやらせろ」と

言った。私は「リュウ、暴力を使ったら失格だよ」と言うのが精いっぱいだった。

リュウが「おめーら！」とにらむと、クラスに緊張が走り、みんなの動きが止まった。「ならべー」と蹴るまねをしながら、教室の前から後ろに歩くと、とまどいながらも、みんなが並んだ。

翔とリュウ、どっちがチャンピオンかでけんかが始まりそうになった時、風子が「二列だから、二人いてもいいじゃん」と言ったので、めでたく二人ともチャンピオンになった。

二人への賞品は、「並ばせ係」だ。並ばせ係としての特典は、五回並ばすことができ、校長先生の許可があれば、校内の行きたい所に行けるというものだ。

その約束をめでたく達成した日、二人は授業中エスケープしていた秘密の基地へみんなを案内した。風が吹く気持ちのよい桜の木の下。カブト虫の幼虫がごろごろいるところ。「リュウちゃんたち、授業中こんないいところにいたの」と言われ、照れ笑いする二人。クラスでのはじめての係「並ばせ係」の誕生だった。

❸ レオ、つらかったね

いつも教室を飛び出しているレオが突然、太郎に向かって行き、けんかが始まった。止める私にも蹴りが入り、やっとの思いで教室の隣の教材室に連れ込んだ。

レオはいっそう興奮し「おめぇが悪いんだ」と私に殴りかかってくるが、その目はどこか違うところを見ているように感じた。

しかし、私が抵抗すると火に油を注ぐことになり、暴力がひどくなるので、黙って蹴られていた。

しばらくすると、殴る力がだんだん弱くなった。そして、「とうちゃんとかあちゃんが離婚する」と泣きじゃくり始めた。

私はあわてて「大丈夫だよ。先生だって五歳の時、親が離婚してるから」と言うと、「先生なんか何にも知らない」とにらんだ。

「とうちゃんが会社をやめたら、家で酒を飲むようになった。最後の一杯になった時、兄ちゃんと俺は隣の部屋に逃げるんだ。でもね、とうちゃんがかあちゃんを殴る音がしてくる。音がやむ。もうかあちゃんは大丈夫かなと思うと、また音がするんだ。……先生、おれは弱虫だ。かあちゃんが殴られている音がしてても、寝ちゃう

んだよ。俺は殴りたくない、でも一発殴ると、俺が俺を止められなくなる」

レオは涙も鼻もすすりあげながら、泣いていた。私は何もわかっていなかった。こんなに重い生活現実をからっぽのランドセルに詰め切れないほど詰めて、学校に来ているんだ。こんな重大なことを告白してくれたのに、何もしてあげられない。

「レオは悪くない。つらかったね」と抱きしめて一緒に泣くことしかできなかった。

レオの父親は実直な感じの人で、団地の公園でよくレオたち兄弟とキャッチボールをしていた。レオの父親も失業などしなかったら、と、悔し涙が出てきた。生きづらさは一番弱いところにせめてくる。

五時間目。レオははじめて、ドロケイ大会に最後まで参加した。負けても笑顔だった。そして、はじめて鉛筆を持って作文を書いた。題は「ぼくのひみつ」。私しか読まないという条件で、両親の離婚について書いた。

第Ⅰ部　荒れた学級

4 駐車場事件と幸太

朝の職員室。教頭先生があやまりながら電話を受けている。緊急招集がかかり、校長先生が「駐車場で子どもがいたずらをしているという苦情の電話がありました。至急教室に行って調べてください」と言った。悪い予感がした。

その予感は見事に当たり、リュウと翔とシオンたちが入っている「カナヘビクラブ」がやったとわかった。駐車場の縁石をひっくり返したり、自動車の下にもぐったりして、カナヘビを探していたのだ。

カナヘビクラブとは、学級内クラブの一つで、家や学校でカナヘビを飼っている。ほかに恐竜クラブや散歩クラブなどがあり、活動内容やクラブのきまりをクラスの掲示板に貼っている。

リュウたちが「おめぇんちの駐車場って言ったじゃねぇか」と幸太を責めている。幸太は、家の前の駐車場を、つい自分の家のものだと言ってしまったのだ。うそがばれた幸太はうなだれてベソをかいている。私は流れを変えねばと「ねぇみんな、カナヘビクラブ、どうしたらいいかな」と子どもたちに話しかけた。

「活動禁止です。悪いことしたんだし」と誠が言うと、リュウは殴りかかろうとする。サエが「筆箱にカナヘビを入れて、脅かしたりするけど、やめてほしい」と続けた。リュウは「関係ねぇし」と壁を蹴っている。

私は、リュウが人でなく、壁を蹴っていることに変化を感じていた。その時、一番小柄な玉ちゃんが「一回悪いことしたらすぐやめって大人は言うけど、もう一回間違えたら禁止ぐらいにしてほしい」と言った。すると、リュウの壁を蹴る音が少し小さくなった。

そして、話し合いの結果、もう一度「クラブの約束」を決め直し、駐車場の持ち主にその決まりを見せながらあやまりに行くことになり、クラブは存続となった。

幸太が駐車場の事件を親には知らせないでくれと言っていたが、学校に戻ると幸太の母が私を待っていた。抗議ではなく、幸太が家のお金を勝手に持ち出していることや、父親の体罰、姑との対立などを語り始めた。私はただ黙って聞くことしかできず、重い宿題を幸太の母から出されたと感じていた。

5 みんなの「和室憲法」

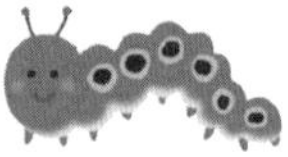

　不思議なことに、カナヘビクラブの事件後は、地域でのイタズラはなくなった。しかし、授業は成立しない日々が続き、教室は荒れていった。カーテンはちぎられ、掃除ロッカーの戸は何度直しても壊されてしまう。壁も、怒ったリュウがモップの棒でたたいて、ぼこぼこになっていた。

　ある日の給食の時、翔が「和室で算数をやってみたい」と言った。桜や玉ちゃんも「うん、それいいね」と乗り気である。和室は校内でも高級旅館風の素敵な部屋で、ごくごく特別なことにしか使わない。私は「無理、無理、無理。体育だって理科だって後片付けもできないクラスなんだよ」と怒った。

　すると次の日、お父さんが会社で労働組合の書記長をやっているという旭が「なんか父ちゃんに聞いたら、みんなの願いを紙に書いて、エラい人の所に持って行くんだって」と話していた。翔が中心になり、画用紙になにやら書いて持ってきた。そこには、

　一、授業中席を立たない
　二、勝手にしゃべらない

三、手イタズラをしない

と書いてあった。

「先生が憲法の話してくれたでしょう。その時、憲法っていいものだと思ったから、和室憲法って名前つけた」と風子が言った。「憲法」の下には、子どもたちの名前が署名してあった。

子どもたちは、並んで静かに校長室に行き、代表の翔が「憲法」を読み上げた。頭には折り紙で作ったはちまきをつけている子もいる。

翔が「セーノ！」と言うと、「お願いします」とそろってお辞儀をした。そばにいた教頭先生が「障子とか破れたらどうするんですか」と質問した。サエが「大丈夫。百均（百円ショップ）で売ってるし、私、大掃除の時、お母さんと一緒にやったので、障子張れます」と言った。

校長先生が、目をちょっとウルウルさせながら、「和室憲法を守ってがんばりなさい」と言った。「やったぁー」と子どもたちの歓声があがった。

❻ 立ち歩きが減った

　トラブルが起きたらと不安がよぎるが、子どもたちは和室での授業の準備をどんどん進めていった。

　まず、いかにも高級そうな花瓶は花の好きな養護の先生に、「へんなおやじが墨で描いてある」という掛け軸は教頭先生に預けにいった。絶対投げて遊ぶだろうと思う座布団は、「一〇の束を作ろう」と荷造りテープで丸ちゃんたちが縛っていった。

　サエは「張るの大変なんだから」と言いながら障子をはずして部屋の角に片付けていた。ふすまも足蹴りなどで破られないように「和室憲法」をふすまの上の枠に貼った。

　こうして、何とか寺子屋風の算数の授業が始まった。まず立ち歩きが目立たなくなり、私語も減ってきた。子どもたちの良い動きは見過ごさず評価し、花丸を黒板に書いていった。花丸がたまるとゲームをして楽しんだ。

　私は算数だけでも授業の成立する幸せが一日でも長く続くことを願い、「和室憲法はいいね。憲法のおかげでみんなの平和は守られている」と毎日言っていた。だが、本当は、手イタズラが減ったの

は道具箱がないから。立ち歩きしないのは、畳にすわっているために足がしびれて立てなかったのだ。子どもたちもそれには気がついているらしいのだが、自分たちで決めたことなので、文句を言わないのだろう。

しばらくすると、子どもたちはまた集まり、「ランチルーム憲法」を作った。ランチルームは、給食のマナーを学ぶための部屋だ。豪華な椅子が八〇脚ほど置かれ、水を自由に飲むことができる上にクーラーも効く。

前回通り、校長先生から許可がおり、使えるようになった和室より快適なその部屋で授業をやっていると、エスケープ組の最後の二人、リュウと竹男がわざとじゃまをしに来るようになった。歌を歌ったり、ケンカをしかけたりするが、子どもたちは穏やかに対応して、彼らの挑発に乗らなかった。

リュウと竹男にプリントを渡すと「違うやつ」と言う。みんなのより少しやさしい「計算迷路」を渡すと、後ろの席にすわってやり始めた。

第Ⅰ部　荒れた学級

❼「いやし隊」が誕生

ランチルームは、児童会や職員の話し合いで、クーラーが使えることになり、他の学年でも使いたいという学級が名乗り出て、全校の子どもたちに喜ばれた。しかし、三年一組は相変わらずトラブル続きで、私はトイレにも行けず、一日一三時間を超える労働の毎日だった。

ある日、ベランダで野菜クラブの玉ちゃんが、「ねぇ敏ちゃん。さっきリュウちゃんに殴られていたけど、止めてあげられなくてごめんね」と話している。敏夫は、「えー、そんなことしたら玉ちゃんがやられちゃうからね。でも、後からでも大丈夫って言ってもらえると、なんかいい気持ち」と答えていた。

そして、二人はベランダから窓をガラッと開け、「先生も竹ちゃんに殴られていたけど、やめさせられなくてごめんね」と私に言った。思ってもみないやさしい言葉に、「そんなもったいないよ。玉ちゃんが棒で叩かれた時も、敏ちゃんがホースで水をかけられた時も、守ってあげられなくってごめんね」と言った。

すると玉ちゃんが、「大丈夫。僕たちは一年生から慣れてるから」

と言ったので、思わず笑うと、「先生がはじめて笑った」という敏夫の声になんだか泣きそうになった。私はクラスで、孤独なたたかいをしていると思っていたが、「仲間」がいると、その時感じた。子どもたちも一緒に頑張っているんだ。

勇気をもらった私は、「ねぇいやし隊、つくらない。いやなことされた人に、後から大丈夫というクラブ。バレたら仕返しされるかもしれないから、絶対内緒だよ」と私が提案し、いやし隊は密かに誕生した。

しかし、一〇日もしない内に、トラブルの後、「ごめんね。止められなくて」と言う子、けがをしたところにバンドエイドを貼ってあげる子が現れ始めた。いじめられた子を玉ちゃんがなぐさめた時、「どうしてそんないいことしてくれるの」と聞かれ、誰にも言わない約束で、いやし隊のことを話したらしい。するとあっという間に、二一人が加入したという。黙って耐える子どもたちが「勝てないけど負けない」活動を始めた。

⑧ けんかには訳がある

毎日、突然起こるけんかを、並ばせ隊の翔と地域のサッカーチームエースの力也が押さえこみ、けんかを止めてくれることから、二人は「けんか止め隊」に就任した。

しかし、止められないけんかもあり、ストップウォッチでタイムを計り、足の速い四人が「ひとっ走り隊」に選ばれた。

けんかが起きると、「ピーポーピーポー」と言いながら走り、一番近い大人を連れてきてけんかを止めてもらうという係である。

廊下を走るので事前に児童会に話し、先生方にも「子どもが頼みにきたらぜひ教室に来てください」とお願いをした。教室に先生方が入って助けてくれるようになり、とても助かった。

「いやし隊」ができてからしばらくたったある日、リュウと竹男の大げんかが始まった。リュウは目をつり上げて、「ゆるせねぇ」と椅子を振り上げた。

その時、そばにいた玉ちゃんが「先に竹ちゃんがあっち行けって言ったから、リュウちゃんは怒ったと思う」と言った。私は、リュウが振り上げた椅子が玉ちゃんを直撃すると思い、玉ちゃんの前に

立った。

するとリュウが、「そうなんだよ。先に言われたからキレた。玉ちゃん、見ててくれたんだ」と言いながら、椅子を置いた。リュウの目も普通に戻っていた。

証言すると、暴力の矛先が証言者に向かっていくと思っていたが、そうではなかったのだ。違う証言も出てくるので、真相はかえってわからなくなってしまうこともあるが、「けんかしてまで言いたいことがある」「トラブルには必ず訳がある」ことがみんなにわかりかけてきた。

私は黒板に棒人間で二人の動きを描き、経過を簡単に整理した。吹き出しには言った言葉を書き、その時互いにどんなことを思っていたかをみんなで話し合いながら書き加えていった。そんなに伝えたいことがあるなら、暴力ではなくどうすればいいかをみんなで考えて、新しい決まりを作ることを繰り返しやっていった。

リュウたちはその後、給食のお代わりの順番を守れるようになった。

⑨ やさしい読み聞かせ

放課後、香奈が家に戻っていないという電話があり、私はあわてて自転車で探しに行った。しかし香奈はどこにもいなかった。途方にくれていると、「もしもし、何をされているんですか」という声。振り向くと、お巡りさんが二人立っていた。

「鍵のない自転車に乗っていますが、それは誰の自転車ですか」と職務質問されてしまった。

学校にとめておいた私の自転車は、鍵が本体ごと誰かにはずされていた。鍵のない自転車に乗り、上ばきのまま、雨にずぶ濡れになりながらうろうろしている私は確かに怪しい。

「子どもを捜しているんです」と言うと、なお怪しいという目で、お巡りさんが迫ってきた。

その時、「先生、香奈ちゃんいました」とちさとのお母さんが来てくれた。それを見て、お巡りさんは「ご苦労様です。鍵はつけてくださいね」と言って去って行った。

やれやれと教室に戻ると、クラスのＰＴＡ役員さんたちが四人、私を待っていた。昨年、この学年が、担任の先生と保護者の間でも

めていたことを思い出し、急に胃が痛くなった。

翔の母が、「遠足の時、太一さんのご両親が、いじめがあるんじゃないかと、車でみんなのバスの後をつけて、双眼鏡で一日見ていたことも、子どもから聞きました」と言った。サエの母親も「忘れ物を届けようとしたけど、先生がものすごく怒っていて教室に入れませんでした」と言った。私はただただ頭を下げてあやまった。

すると愛の母が、「違うんです。二年でクラスが荒れた時、先生さえ替われば解決すると、みんな思ってました。でも、先生が何人替わってもずっと荒れました。それで今年は親が出来ることがあったら手伝わせてほしいと思って来ました」と言った。

ありがたい申し出により、木曜日の朝自習の時間に本の読み聞かせが学年行事として始まった。

子どもたちはお母さんたちのやさしい声に耳を澄まし、静かに聞き入っていた。子どもたちがお礼の手紙を送ると、お母さんから次々と返事が届いた。いつしか掲示板いっぱいになったその手紙はどれも暖かく、悲しいことがあるたびに私を励ましてくれた。

第Ⅰ部　荒れた学級

⑩ おばあちゃんのふかし芋

雨が降り続くある日、ルイのおばあちゃんがやってきた。

「今日はルイのことではなく、豆塾の丸男くんのことです」と話し始めた。豆塾とは、宿題のわからない子も一緒に放課後、友達の家や公民館に集まって宿題をやる活動である。おばあちゃんは言った。

「丸男くんは礼儀正しい良い子ですね。ルイもわからないところを何度も教えてもらって、とても喜んでいます。おやつにふかし芋を出した時、丸男くんが食べないので訳を聞くと、『この芋持って帰っていいか』と言うんです。そこで、『たくさん持ってお帰り』とホイルに包んであげると、それを持ったまま泣き始めました。ホイルにぽたぽたと涙の音がしてね……」

泣いていた丸男が、せきを切ったように話し始めたという。

「ぼくの母さんはうつ病です。病院から時どき家に帰ってくるんだけど、ご飯も洗濯も兄ちゃんと二人でやっている。母さんに楽させてあげたいから。でも母さんは泣くんだ。それでも、一度笑ったことがあるんだ。トンちゃんが、豆塾でふかし芋をのどに詰まらせ

て大騒ぎしたこと話したらね、母さんも子どもの頃、そうやって家族みんなでとりっこしたって」

そして涙を振り払って、こう続けたということである。

「母さんが病気になったのは、父さんが悪いんだ。よそに転勤していた時、女の人ができた。父さんは『お前なんか』って母さんを殴ったけど、母さんは『子どものために戻ってください』って泣いて頼んだ。だけど、父さんは黙って家を出て行った。だから母さんは悲しくて病気になった」

言い終わると、丸男は幼子のように大泣きしたという。

おばあちゃんは、「丸男くんの事情を先生に知っておいてもらった方がいいと思って……」と言った。「丸男くんはトイレに白衣を捨てたり、陰でいろいろ悪さもするってルイから聞きました。私もルイが難聴だとわかった時、嫁にうちの親戚には難聴はいないと言っちゃったんです。嫁は出て行きました。あんなこと言わなきゃよかった。丸男くんの話を聞いて、思いました」

雨の中、おばあちゃんは何度もおじぎをして帰って行った。

⑪ おかあに言わない

颯人が登下校の見守り隊の井上さんに、「くそじじぃ」と言ったことで一緒にあやまりに行った。「掃除なんか公務員のお前がやればいいんだ」とか、「ばかなやつに、ばかって言って何が悪い。法律違反じゃねぇ」などというやっかいな子だ。

その日も井上さんにあやまっているのは私だけで、颯人はぐっと口を結んだまま、とうとうあやまらなかった。

私は腹が立ってぐいぐい自転車を引っ張って歩いていた。すると颯人が「ねぇ、尻ぬれねぇ」と言った。何言うんだろうと思うと、私の自転車のサドルを見ている。確かにカバーが破れて雨が染みこむのでスーパーのビニール袋をかけてある。「公務員のくせにケチ」と言うに違いない。しかし、颯人の口から出たのは、「俺と同じだ」という言葉だった。私は歩いているスピードを颯人に合わせた。

「くそじじぃが悪い」

「井上さんのこと？」

「ちげぇよ。おれのじじぃ。じじぃの借金の保証人におとうがなったおかげで、おとうは破産した。それでおかあと離婚した。お

とうは一生懸命働いて金をおかあに送ってくれてんのによ、じじぃはパチンコと競馬。おかあだって昼と夜働いてるんだ。じじぃが悪い」と吐き出すように言った。

「俺の自転車はサドルのふわふわが取れて、鉄だ。こぐ時は立ちこぎだ。でも俺はおかあに言わない。無理するから」と言った後、「じじぃが悪い」と言い続けた。

颯人の家は小さな印刷屋だった。家族みんなで働いていた。

何も言えない私に、「まぁ先生はエコで、俺は体力つけるということで」と颯人が笑った。

次の日、教室にいない颯人を捜すと、空き教室のカーテンが揺れている。見つけてというサインだ。「颯人み――っけ」と言うと、颯人は素直に出てきて、「あ～あ」と言いながらも「去年は誰も見つけにきてくれなかった」と小さい声で言った。

「見つけるよ。どこにいたって」と言うと、楓人は「負けない」とイタズラっぽい目で言った。

⑫ 終わりの一分だけ

「ちょっと篠崎先生！」。声に振り返ると、音楽専科の真知子先生が、怒った顔で立っている。

「あなたのクラスどうなってるの。今日なんか、終わりのあいさつ二一回やり直したわよ。楽器をいたずらしたり、歌っている子にカンチョウしたりするのは我慢した。でもひどすぎる」

真知子先生はどんなクラスでも歌声を響かせることのできるベテラン教師だ。その前日には、四年生の先生から「何をするかわからない三年とはいっしょに遠足に行きません」と言われたばかりだった。毎年三・四年はバスで一緒に海に遠足に行くことになっているが、今年は危険すぎると断られてしまった。職場で厄介者扱いされていることはわかっていたが、誰かに助けてもらいたかった。重い足取りで教室に向かった。

いつも給食の時間にやっている班長会の時間になった。翔が「先生のプリンもらい」と言ってむりやり持っていこうとすると、サエが「先生は今、考えごとしてるんだから」と言いながら、翔を止めた。いやし隊の玉ちゃんがプリンを手で守ってくれた。

「荒れている子どもばかりじゃない、私ががんばらないと」と思い直し、プリンをがっついて食べた。すると、翔が「先生のくせにデザートから食べていいのかな」とにやにやして近づいてきた。

私が音楽の時間のことを聞くと、やはり相当荒れていたらしく、真知子先生はよくぞ我慢してくれたと思った。

「そんなの簡単だよ。終わりの時に一分、席にすわっていればいいんだろ。リュウは一年生の時から俺の言うことはきくから」と翔は真顔で言った。

次の音楽の時間に試しにやってみると、翔は、音楽が終わる五分前に、オオカミ少年ケンのように「リューウ」と呼ぶと、リュウがどこからか現われ「一分すわれば、あと休み時間」と翔に言われ、おとなしくしていた。

その日、真知子先生に会うと、「ピアノでの終わりの挨拶が一回ですんだのでうるうるしていると、子どもたちから『休み時間、休み時間！』のコールが起きて、涙も引っ込みました」と笑いをこらえて報告してくれた。

⑬ 今のクラス好きだよ

リュウがベランダから、一階の教室の一年生にバケツの水をかけた。いつもは穏やかな一年担任の貴意子先生が、教室に怒鳴りこんできた。「がまんにも限界がある！」

その通りだ。こんな時は心が重く沈む。気を取り直して机の上を見ると、そこには昨日配るはずだった集金袋が…。いつもなら「またやってしまった」と思えるのに、こんな簡単なこともできなくなったのかと、体から力が抜け、すわり込んでしまった。

子どもたちの騒いでいる声も遠く聞こえる。このクラスは何をやってももうダメなのかもしれない。もう何もかも投げ出したいと、ぼーっと外を見ていた。

すると、誰かが私の上着の裾を引っ張る。玉ちゃんだ。

「先生、ぼくね、病院の検査、月一回になったんだよ」と、ひまわりのような笑顔で言った。

玉ちゃんは重い病気になり、退院後、月二回ほど検査のため病院に通っていた。四月にお母さんが養護の先生と担任の私に「玉彦には病名は告知できないでいます。個室に入って亡くなってしまう友

達を何人も見てきたので、どうしても言えなくて……」と話してくれたことを思い出した。

「玉ちゃんよかったね」とイガグリ頭をごしごしなでた。

「ぼく、院内学級にいたんだよ。先生も友達もやさしくてよかったよ。でも僕は今のクラスが好きだよ」と玉ちゃんが言うので、私が「こんなにけんかがあっても、給食とられても？」と聞いた。

「うん。院内学級は楽しかったよ。でもね、帽子かぶって個室に行って、さよならもしないで会えなくなってしまう友達がいたんだ」と答えた。そこでお母さんがしてくれた話を思い出した。

「お医者さんから、麻酔をして検査をする方法はとてもつらいので、一日入院してゆっくり検査するのがいいよと言われた時、玉彦はつらい方をやると答えたのです。なぜと聞くと、つらいのを我慢すれば、明日学校に行けるからと言うんです」

玉ちゃんは「今のクラス、好きだよ。けんかしても何しても明日も会えるもん」と言った。

⑭ 昼休みのプロレス大会

隣のクラスの大道先生は、百キロの体重と大声を活かして、整然とした授業を行い、子どもたちを無言で整列させている。ケガの絶えない私のクラスをとても心配してくれていた。自分のクラスではにこりともしないが、私のクラスに来ると満面の笑みで、声もやさしく語りかけてくれる。

彼がプロレスの大ファンだと聞いたので、「大道先生、時間がある時にあの子たちとプロレスやってもらえない」と頼んでみた。

彼は快諾してくれ、次の日から空き教室でのプロレス大会が始まった。リュウや翔、丸男やレオ、一〇人以上参加して、ほとんど毎日昼休み、三〇分一本勝負で闘ってくれた。

大道先生は、毎日新しいワザで対戦し、負けることは一回もなかった。五時間目が始まると、プロレス大会に参加した子どもたちはへとへとで、席を立ち歩くこともせず授業が少し静かに出来るようになってきた。

私は本当に有り難く、昼休みは授業の準備や印刷をし、野菜クラブや手芸クラブの子どもたちと一緒に穏やかな時間をすごすことが

できた。事件が起きた時には、ゆっくり話を聞くこともできて本当に有り難かった。お礼を言うと、「絶対負けたくないので、新ワザ開発に燃えているんです。それが楽しみで。がむしゃらに向かってくるあいつらのためにも負けるわけにはいかない、なんてね」と笑った。このプロレス大会は六月から一二月の末まで続いた。

その頃、[注]ことばの教室の奈々子先生も教室参観に週一回きてくれるようになった。荒れている子どもたちの分析と、支援の方法を具体的に教えてくれた。何よりも心強かったのは荒れている状態を生で見てもらう中で、その苦しさをわかってくれる人ができたということだった。そして、私は奈々子先生のこの言葉に救われた。

「あなたが悪いんじゃないからね。子どもたちの抱えているものが重すぎる。それを三年間も放っておいたみんなの問題だからね。ヘルプ出すことがプロとしての姿だよ」

〔注〕ことばの教室＝「聞こえとことばの教室」と言われ、難聴や言語障がい、コミュニケーションに障がいのある子どもたちが通っている通級教室。

⑮ いじめっ子、実は……

智が「ぼくはいじめられています」と、お母さんが書いた連絡帳を持ってきた。智は発達障がいの診断を受けているので、特に注意をしていたのだが……。様子を聞いてみると、香奈と隣のクラスの晴香が、学童クラブで去年からずっと智を叩いたりつねったりしていたということであった。

放課後、学童に行ってみた。「ただいま」の声に「お帰り」の声が答え、香奈や晴香も一年生の面倒をみるやさしいお姉さんだった。指導員さんに智のことを伝えると、一緒に話を聞いてくれた。

去年の荒れたクラスで、香奈たちもいじめられ、反撃をしない智をいじめることで、気分を晴らしていたということであった。いじめは誰も気がつかない階段の下の所で行われていたこともわかった。指導員さんが、特に注意してみてくださると約束してくれた。

学校のことで、話をしたいと香奈の保護者に伝えると、仕事が休めないので夜九時過ぎでないと会えないという返事であった。

香奈の家はぎしぎしきしむ階段を登った二階建てアパートの一室だった。一Ｋの部屋に、母と妹の三人で住んでいた。

きちんとたたまれた洗濯物、「給食費」「教材費」などと書かれた封筒が冷蔵庫にマグネットでとめてあった。がんばって生活している若いお母さんの気持ちが伝わってきて、智のことを話すのに勇気が必要だった。話が終わると、「本当にすみません」と、お母さんは頭を下げたままであった。

私は去年、香奈もいじめに遭いつらかったことや、それに気がつかなかった私の指導についてもあやまった。

香奈とはその後話し合い、智にあやまることにしたのだが、お母さんには、その時香奈が、本当に後悔していることが伝わってきたとしか言えず、重苦しい空気のまま帰ることになった。

お母さんは大通りに出るまで送ってくれ、離婚のことやダブルワークで働いても生活が苦しいことを話してくれた。

「もっと話を聞いてやればよかった」とうつむくお母さん。

「働きながらの子育てって本当に大変。こんなに頑張っているのにほめられることもないものね」と言うと、うなずいたお母さんの目から涙があふれた。

16 家族みんなで暮らしたい

休み時間に香奈のお母さんから電話があった。別れた香奈の父親が出張でこちらに来ている。学校に来ても絶対会わせないでくれという内容だった。あわてて窓の外を見ると、もう香奈はフェンス越しに父親らしき人と会っていた。

校長先生に話すと、へたに刺激しない方がよいということで、校長先生は麦わら帽子をかぶって花壇の手入れをしながら様子を見ることになった。私は玄関で、すぐ飛んで行ける体制をとり、どきどきしながら見守っていた。

父親らしき人はとても優しそうな笑顔で、香奈も時には笑い声をたてて話していた。幸せな時間はあっという間に過ぎ、チャイムが鳴った。男の人が「香奈、もう行きな。元気でね」と言うと、香奈は「うん」とうなずいて、玄関の方へ歩いてきた。ゆっくりゆっくり歩いてきた。そして、玄関のドアをしめたとたん、香奈の満面の笑みは消え、「あーあ」と言って泣き始めた。泣いて泣いて息ができないほど泣いて、泣いて……。

私が香奈を抱きかかえて空き教室に連れて行くと、美和が追って

きた。そしてこう叫んだ。「香奈は前のうちに帰って、パパとママ
とみんなで一緒になりたいんだ」。美和も同じような事情を抱えて
いる子だ。
三〇分ほどたつと香奈は落ち着き、静かに語り始めた。
「私が字が書けるようになったころパパとママはけんかをするよ
うになった。お金とおばあちゃんのこと。けんかしないでと何度
も頼んだけど、だめだった。家を出る時、『香奈を守ってあげられ
なくてごめん』って言ってパパは泣いてた。ママも。さっきパパ
に『一緒に連れてって』って言いたかったけど、困ると思って言え
なかった。心配させたくないから普通にしてた。でもバイバイして、
もうパパが帰ったと思ったら本当の気持ちが出てきて泣けてきた。
やだよ。一緒に住みたいよー」
美和も一緒に泣いていた。
廊下が騒がしくなった。「ほっとけ。開けるな」と翔の声がする。
事情を察した翔が、誰かを止めているらしい。まだ友情とは呼べな
いが、何かが子どもたちの間に育っているように感じていた。

17 リュウの黒いサイフ

リュウは、理科の実験やグループでの調べ学習などには参加するようになったが、プリントなどの課題は一切やらなかった。放課後、リュウに計算のプリントだけはやらせようと思ったが、ロッカーの上に登って降りてこなかった。

「ふざけるのもいいかげんにして」と私が怒鳴ると、本やほうきを投げてきた。「何でも投げなさい」と私が言うと、リュウはものすごい顔でモップを投げようとした。

私が身構えた瞬間、「わからねぇから書けねぇんだ」と泣き始めた。リュウのつらさがこの時はじめてわかった。「リュウ悪かった」とあやまると、彼はロッカーから降り、椅子にすわった。

学習してみると、かけ算九九と繰り下がりができないことがわかった。「今日は問題を半分やればいいから」と私が言うと、「やりぁいいんだろ。今日だけは早く帰りたかったのに」と怒鳴った。

リュウはプリントにエンピツを突き刺し、間違いを消させようとすると、プリントを破いた。

こんなに抵抗するのはなぜだろう。まさかと思いながらもリュウ

に聞かれないように携帯で風子の家に電話をした。

「うん。リュウちゃんも誕生会に呼んだよ」という風子の声に、私は何重にも間違いをしたことに気がついた。

何日か前の給食の時、リュウやレオたちは、お誕生会に一度も呼ばれたことがないことを知った。それを聞いていた風子がリュウたちを「生まれてはじめての誕生会」に招待してくれていたのだ。リュウを傷つけてしまった。

リュウにあやまると、「行かねぇし。それにプレゼント買ってねぇし」と言う。やっぱり招待されていたんだ。

私が「せめてものお詫び。百均でプレゼント買わせて」と言うと、リュウは「いいし」と叫びながら、ものすごいスピードで帰って行った。

追っかけて、やっとリュウの家にたどり着くと、彼は黒いサイフを持って出てきた。「おっかぁは寝てるし。お年玉持ってきた」と言うと、全速力で自転車で走って行った。黒いサイフは自転車のかごから飛び出しそうに大きくはずんでいた。

第Ⅰ部　荒れた学級

18 別れた親の自慢話

「わからねぇから書けねぇんだ」というリュウのことばは衝撃的だった。私は「放課後、宿題とかやらない」と子どもたちに提案してみた。管理職や学年の先生にも了解をとり、保護会でも話した。下校の安全の問題が出てきたが、団地に住んでいる子どもが多く、私が付き添って下校すること、六年生の下校時間に合わせるなど工夫をし、学期末までの限定一カ月の取り組みに入った。

参加は自由にすると、リュウやレオも残っていた。

わいわい言いながら、授業でやりきれなかったプリントやテストの間違い直し、宿題などをやり、「なんか得する」ということで、参加者も増えていった。

ある日、リュウが「別れた父ちゃん大工なんだぜ。じいちゃんは宮大工っていって、すごい職人なんだぜ」と言った。丸男がすごいと相づちを打つと「母ちゃんも女の大工だったんだって。仕事場で知り合ったんだって」と続けた。

すると他の子どもたちも父ちゃん、母ちゃんの自慢話を始めた。

「母ちゃんああ見えても看護師さんで、心臓の手術なんかも手

伝ったんだって」とキララが言うと、「あーだからこの前、魚、丸ごと切ってた」と玉ちゃんが言ったのでみんな笑いこけている。

別れた親のことを話す彼らはとてもいい顔をしている。家では同居する親を気遣って、別れた父や母のことは言わないのだろう。

しかし、その話を聞いていた夏美が「いいな、リュウちゃんなんてテストのことで、親一人分しか怒られないんでしょ」と言った。

夏美はどの教科でも良い点を取る子どもだ。リュウは「ばかにすんのかよ」と夏美にすごんだ。

「違うよ。テストの点が一〇〇点じゃないと、両方のおじいちゃんやおばあちゃん、それにパパとママに怒られるから、合わせて六回怒られるんだよ」と夏美は言った。

「嫌なんだよ。やめてほしいんだよ。テストの点の話ばかり。ピアノ、水泳、習字、英語でもいつも絶対合格しなきゃいけない」

めがねを外して涙を拭く夏美を、みんなびっくりして見ていた。

⑲ 右手左手クルリンパ

夜、団地の空き地でたむろしている子どもたちがいるので、注意してほしいという電話があった。やはりリュウや翔たちであった。もういい加減にしてほしいと、怒り顔で子どもたちにせまる。

訳を聞くと、沈黙の後「ＥＸＩＬＥ（エグザイル）やってた」と答えた。「え〜っ、あのＥＸＩＬＥ？　三年生にできるはずないじゃん」と言うと、翔が「見せてやる」とＣＤをかけた。すると、レオとリュウが踊り始めた。「Ｃｈｏｏ　Ｃｈｏｏ　ＴＲＡＩＮ」だ。みんなＥＸＩＬＥになりきって踊っている。いい顔だ。

ダンスを続けさせてあげたいが、夜の団地では苦情がくる。中学生に目をつけられるかもしれない。

「ダンスはめちゃいい。でも、何がだめかな」と聞いてみる。場所と時間に問題ありということになり、時間は学校の休み時間に、空き教室を借りてやることになった。

三人が休み時間に練習をしていると、かっこいいと評判になり、一年から六年まで大勢見に来るようになった。三人はますます張り切った。丸男が入れてと言って加わり、バレエを習っている夏美も

いきいきと踊り始めた。

　その月は三年が音楽朝会で発表をすることになっていた。そこで、子どもたちとも相談し、その月の歌「にじ」は大道先生の二組が歌い、一組はダンスをすることになった。

　リュウがリーダー、颯人と風子がサブリーダーに決まった。参加は自由にしたが、みんなやりたいといい、休み時間と雨の日の体育の時間に練習した。支援級から交流できているカレンちゃんも、得意なでんぐり返しでノリノリ。カレンちゃんがぶつかりそうになると、リュウも翔も気をきかせて、自分たちが移動していた。

　リュウはうまくリズムにのれない智に、「ひざひざ・右手左手クルリンパ・はい・くり返し」などと言いながら練習していた。

　風子が「意外とリュウちゃん、教え方うまい」と言うと、リュウは照れていた。そして、いつの間にかリュウはセンターではなく、みんなに指示できる後ろの位置で踊るようになった。

　音楽朝会では「かっこいい」と大きな拍手。みんなの笑顔がはじけた。

20 母が娘に残したものは

八月のある夜、「美春さんのお母さんが亡くなられたそうです」という教頭からの電話を受けた。私は信じられなかった。美春のお母さんは「先生も大変だろうけど、困った時ほどお互いさま。何でも言ってね」と会うたびに励ましてくれる元気な人だった。

美春の家に着くと、お線香のにおいがして、お父さんが「会ってやってください」と白い布をとってくれた。お母さんはやさしい笑顔のまま眠っているようだった。

疲れきっていた五月の家庭訪問の時、そっと梅ジュースを出してくれたお母さん。私が「茶菓の接待は受けていけないって言われているので」と断ると、「お茶じゃなく水の代わりだし。飲めば元気出るよ」と笑いながら勧めてくれた。そしてこんな話をしてくれた。

「先生、実は私、心臓が悪いんです。夏祭りのころ大きな手術をしたので、隣の広場の祭りのおはやしを聞くと、ああ一年、生き延びたと思うんです。一年更新の命なんです。いつ私が死んでもいいように、美春には小さい時からお米のとぎ方、洗濯物の干し方、中学に入ったらお弁当なんで、弁当の作り方、少しずつ教えてきまし

た。この梅ジュースもね。お父さんの好きな煮物やチラシ寿司も美春は上手ですよ」と笑顔で話してくれた。

その話を聞きながら、遠足の時に唐揚げとポテトフライをクラスの人数分用意してくださったことを思い出した。大きなタッパーが一巡し、みんな大喜びでぱくついたことを話すと、お母さんはこう答えてくれた。

「よかったです。私はね、人は一人では幸せになれないと思っているんです。小さいことでも誰かが喜んでくれる顔を見て幸せを感じるんです」と。

弔問客が次々と集まってきた。風邪気味で家で寝ていたところ急に呼吸困難になり、二日で亡くなられたという。お父さんが「おとい、隣の広場の祭りのおはやしをうれしそうに聞いてました」と話すとみんな泣いた。

美春の叔母が「これを見てあげてください」とタンスを開けると、上から順に一年ごとの新しい洋服と誕生日カードが入っていた。最後の引き出しには、成人式の振袖とゆかたが用意されていた。

21 いじめられるんだよ

隣のクラスでいじめが発覚し、対応を話し合った時、私が数年前試みた授業体験を説明した。それは次のような経過だった。

前年から荒れていた六年生。女子グループは五年の時の担任の指導がいやだと、授業ボイコットやろう城、集団で欠席する、悪い噂を流すなどのいやがらせをした。担任は療休に入っていった。

六年で担任になった私は、拒否・罵声・嘲笑・トラブル続きの毎日に、眠れない、食べられない、でも休めない毎日だった。

「おまえがいけねえんだよ。子どものことにいちいち口出すからだ」と麻子が私に椅子や机を投げてきた。手当たり次第に物を投げ、私を蹴り倒そうと突進してきた。麻子は反抗している女子グループの一人だ。

何が起こったのか理解できない私は、暴れる麻子を引きずるようにして保健室へ連れて行くと、突然、泣きじゃくりながら「いじめられているんだよ」と話し始めた。「いやだよ。こわいよ。車の来る方へ押されたり、クラス全員から無視されたり、踏切で電車が来ている時、押されてこわくて泣いたら、みんな笑ったんだ」

ちょうどその場には、四年生から不登校になり六年になって、時どき登校できるようになっていた同じクラスの恵美がいた。

「私も四年生の時、いじめられていた」と恵美が麻子のそばにきて、女子グループにいじめられた時のことをつぶさに話し始めた。

「公園で小さい子たちに『このお姉ちゃんはバカなんだよ。草を食えって命令すると食うよ』と言われ、草を無理やり口に入れられた。みじめだった。でも、私のことをかばってくれて玲ちゃんがトイレでいじめられた時、『おまえもやれよ』と言われて、あとの仕返しがこわくて、玲ちゃんの足を蹴った。その時の玲ちゃんの目が忘れられない。また、玲ちゃんをいじめろと言わるのがこわかった。そしたら学校へ行けなくなった」

私は、二人を守るために、いじめについての学びをすることを決意した。

次の日、いじめについての学習を始めようとすると、恵美がはじめて教室の自分の席にすわっていた。

㉒ 僕は人間がこわい

麻子へのいじめをやめさせたいと、いじめの授業をすることにした。まず、いじめを描いた映画『やがて春』（中山節夫監督）のビデオを観て、主人公はなぜいじめられたのか、いじめはなぜ続いたのかを話し合った。さらにいじめのことが書いてある新聞記事や、自死した子どもの遺書を読み合った。

次の日には、「いじめっ子・いじめられっ子・まわりで見ている子」の三役を交代でやった。意外と見ている子の役が難しいという声が多かった。

三日目、いじめを見たらどうするかという話し合いをした。

床にビニールテープを張って教室を三分割し、いじめを見たら「とめる」「とめない」「迷う」のどこかを選び移動、なぜそこを選んだか意見を言い合い、結論が変われば別の箇所へ、何回か移動タイムを設けた。最後に「迷う」という人が多く、みんな本当は止めたいけど、迷っているという本音を出し合うことができた。

その中で突然、ノブが「三年前の五月二三日、僕はいじめられたんだ。それから僕は、人間はこわいと思う人間になりました。止め

てほしかったんだよー」と大声で叫んだ。

すると、麻子をいじめているグループのリーダーの由美が、「あたしだって二年生の時いじめられた」とぽろぽろ涙を流しながら発言した。一瞬どよめいたが、教室の空気は変わり、子どもたちは発言し始めた。授業後の感想文には切実な声が書かれていた。

■私はいじめをしていたことがある。自分より人気があるから、ムカついてやった。でもいじめをした時には夜ねむれなくなる。いじめていた人に心からあやまりたい。

■いじめで死のうと思ったことがある。親に言われてやめたけど、このクラスは話し合いができてよかった。

■いじめをする人は二重人格。やさしい時にはめちゃやさしい。でも歯向かうやつにはみんなを使っていじめの作戦をとる。

■みんな止めたいけどこわくて止められないことがわかった。一人ではだめだけど、相談したらできるかもしれない。でも本当にできるかって言われたら、正直迷う。

■命ってなんだろう。生きるってなんだろう。

23 あやまろうと思ったけれど

いじめの授業が終わった日の放課後、いじめグループの二番手の木綿子が一度家に帰ってから私に会いにきた。

「由美ちゃんに命令されて麻ちゃんをいじめてた。その前には私が無視されたり、うわさを流されたりして。やんないとまた私がいじめられるもん。でも、すごくいやだった。帰りに麻ちゃんにあやまろうと思ったけど、できなかった」

木綿子はそう言い、くちびるをかんだ。そして自分に言い聞かせるように話し始めた。

「うちね、はっきりやめようと言えないかもしれないけれど、聞いたふりしてやんないことはできるかもしれない。それとね、他の人だったらどうするって聞いてみる。先生、もういじめはやりたくありません」と、目から涙があふれそうになりながらも頑張って言った。

一方、二年前のいじめで不登校になっていた恵美はみんなの話し合いをじっと聞いていた。保健室に置いてあったランドセルが、教室に置かれるようになり、休み時間、郁子としゃべれるようになっ

た。郁子は恵美のことが心配だと、何度か私と一緒に恵美の家に行ったことがある子だ。

その後、恵美と郁子はお菓子好きの桃子を誘って「クッキークラブ」をつくった。月曜日は休むことがあったが、他の日は登校するようになった。

――三年生のいじめについての授業は、この六年の時とほぼ同じ内容で進めてみた。

いじめのビデオを見終わった時に、リュウは次の授業の音楽室に行かず、机に顔をふせたままだった。

私が「リュウ、さぼっちゃだめだよ」と言っても動かないので、そばに行くとリュウは泣いていた。

「ひどいじゃないか。みんなで寄ってたかって叩いたり、蹴ったり」とこぶしで机を叩いて怒りながら、泣いていた。悲しみが伝わってきた。この子もいっぱい傷ついてきたんだ。私はずっとリュウの背中をなでていた。しばらくすると、リュウが言った。

「先生、笛貸してくれ。音楽室行くから」

㉔「おしあわせにー」

明日から夏休みという日の朝、「先生大変。智が教室めちゃくちゃにしてる」と玉ちゃんが職員室に飛び込んできた。あわてて教室に行くと、壁という壁、床という床に「死ね」「うざい」「地ごくにおちろ」などとチョークで書きなぐっている。

智は何か叫びながら机や椅子を投げている。止めようとする翔やリュウもはねとばされている。

「智はうんこって言ってる」という丸男の声に、竹男が「智ね、朝登校班でうんこふんだ、うんこふんだって言われてた」と答えた。確認に行ったリュウが、「やっぱり、智はうんこふんでなかった。靴についてなかった」と教室に飛び込んできた。サエが「智は、登校班の人の名前を書いてる」と言った。

智は人の気持ちを理解したり、自分の考えを表現したりすることが苦手な子どもだ。否定的なことばを聞くと、自分を抑えきれなくなって暴れることが多かった。しかし、クラスのみんななら、自分の悔しさをわかってくれると思い、チョークで気持ちを書きなぐったのだと私は思った。

「がまんしてえらかった」とまだ暴れている智を抱きしめた。すると雪絵が「智、ごめん。智がからかわれているのに、やめてって言えなくてごめん」と言った。その声で、智はチョークを置いた。翔が「俺もあるよ。いやだったな、智」と言った。

その日の放課後、智が教室にやってきた。智は「先生の電話で、ママ、ぼくを叩いた。『ガジュマル』（学級通信）を『こんなもの！』って、ママ、破いた。ぼく『ガジュマル』拾いにきた」と言い、ゴミ箱を探し始めた。私はものすごく後悔した。朝のことがうれしくてつい電話したのだが、智の母親は「また登校班で大騒ぎしたんですね」と怒鳴り、ガチャンと電話を切ってしまったのだ。

せめてもと、『ガジュマル』をコピーして渡すと、智は「あったかいね。生きてるねー」と『ガジュマル』にほおずりした。そして、時代劇の峠の別れのシーンのように「おしあわせにー」と手を振りながら帰って行った。実のところ私は、二学期は休職しようと考えていた。でも「おしあわせになる」宿題の答えが見つかるまで、このクラスで頑張ろうと思った。

㉕ 運動会に出場ＯＫ

運動会は、内容も練習も三、四年生の子どもたちの実行委員会を中心に進めていった。トラブルについて、何度も実行委員会を開き乗りきってきた。しかし、運動会の前日の練習で、四年生の実行委員会から、「練習の邪魔をして困る」「三年一組は運動会に出ないでほしい」と言われてしまった。

「おめぇのせいだ」とレオがリュウに殴りかかった。颯人も丸男もリュウととっくみ合いになり、騒然とする中、翔が怒鳴った。

「やめろ。けんかしたって出れないんだ」

その声に、みんな校庭にすわりこみ、話し合いを始めた。

颯人が「リュウたちのせいだ。騒がないでくれよ」と言うと、敏夫が「リュウは俺がうまくできないからって、縄跳びの縄で縛らないでほしい」と続けた。いつも意見をあまり言わない香奈が「失敗するとものすごく怒鳴って、ボールとか投げる」と言うと、みんなうなずいた。リュウは「わかったよ。俺がいなけりゃいいんだろ」と言い、どこかに行こうとした。

しかし、翔が「ボールのリーダーやっててわかるんだけど、みん

な文句ばっかり言ってうるさい。練習しない。リュウはうまくやりたいと思いすぎちゃって怒って注意するのかも」と言った。

それを聞いてリュウは戻ってきた。

風子が「リュウはカレンちゃんがとびやすいように大縄を回したりしてがんばってたんだよ」と言うと、「うるさくしたことは認める。ごめん」とリュウがあやまった。そして、どうしたら参加できるか意見を出し合った。

その結果、■集合の時はみんな黙る。■注意する時は力を入れないでタッチする。■うまくいかなくても笑顔——などを決め、実行委員会に再度演技を見てもらい、なんとか合格することができた。

当日、支援級から交流できているカレンちゃんが、リュウと松ちゃんの絶妙の縄まわしで、生まれてはじめて縄をとんだ。リュウは「やったぁ！」とこぶしをあげ、照れたように笑った。

運動会は、仕事がなかなか休めない父や母、別れて住んでいる親もきてくれる。おじいちゃんやおばあちゃんにも会える大切な大切な行事。お弁当の時、リュウはおにぎりにぱくついていた。

26 カラスへの復讐、やーめた

遠足の時、お弁当をカラスに取られたことから「カラスに復讐したい」という颯人やレオたちは「復讐カラスクラブ」を作り、カラスについての情報を集めていた。

そのころ、学校中で一番強いといわれているゴリちゃんが、カラスにしつこく追いかけられたというニュースがとびこんできた。校庭にあった巣に石を投げたら、顔を覚えられたらしく、追いかけられ、必死に逃げ回ったということだった。

カラスに復讐するにはもっとくわしいことを調べないといけないということで、野鳥の会の大樹のお母さんにお願いに行くと、まずは鳥のことについていろいろ知った方がよいということで、バードウォッチングを計画してくれた。野鳥の会のメンバーも何人か参加してくれることになった。

二組も加わり、学年みんなで四キロ離れた浄水場に出かけることになった。勝手な行動やけんかが起きないようにと、一八人のお母さんが一組をぐるっと取り巻き、何とか浄水場にたどり着いた。そして、グループに分かれてバードウォッチングが始まった。

リュウは森川さんという七四歳の方にモズがえさを隠しておくことなど熱心に聞いていた。森川さんは、魅力的な鳥の世界の話と、こわされていく自然について静かに語ってくれた。

帰ってきてから、お礼の手紙を書こうということになり、「森川さんが絵がうまいと言ってくれたから」と、リュウは一生懸命キンクロハジロの絵を描いていた。

「森川さんはすごくわかりやすく話してくれて、鳥のことが好きなんだとわかりました」と文を書いた。森川さんから返事がくると、何度も開いて見ていた。

一方、「復讐カラスクラブ」は、「鳥クラブ」に変わり、ベランダに、みかんやパンなどのえさをぶらさげることになった。鳥は姿を見せないが、みかんなどがなくなっていると、みんなにこにこしていた。真下の教室から鳥のフンが汚いと苦情がくると、あんなに掃除をしなかった子どもたちが鳥のフンをモップで洗っていた。

「鳥はきれいだけど、うんこはくさいな」と言いながら……。

27 親の仕事、調べたい

玉ちゃんのお母さんが教室で英語の絵本の読み聞かせをした。それでお母さんが客室乗務員をしていたことがわかった。

「すごい」と言う子どもたちに、お母さんは客室乗務員のつらい話を聞かせてくれた。かっこいいと思う仕事でも大変なことがあると知った子どもたちは、親たちの仕事について調べたいと言い出した。それぞれ話を聞いてみたいところへグループでお邪魔することになった。

以前、懇談会で「子どもの友達のことで、できたら直してほしいこと」を聞いていた。それをもとに子どもたちと話し合い、お宅訪問ルールを作った。①「おじゃまします」「ありがとう」「失礼します」は大きな声で言う。②くつはそろえてぬぐ。③冷蔵庫を勝手に開けない。④おやつは「どうぞ」と三回勧められたらいただく。⑤片付けはみんなでやる。

訪問した次の日は朝から盛り上がっていた。エステサロンをやっている風子の家に行った颯人はエステをやってもらい「すべすべだぜ。すべすべだぜ」とみんなに腕をさわらせた。「本当だ。風子の

かあちゃんの腕はいいな」と言われ、風子はうれしそう。

「俺なんか、きゅうり一〇〇円ですとか言って、店の手伝いしたんだ。おみやげにシイタケとなすをもらった。どっちも嫌いだったけど、おじさんがうちのはうまい、うちのはうまいと言うので、家で食べたら、今までと全然ちがって本当に食べられた」とレオが興奮して話していた。

隆のお父さんは特別支援学校の教師をしている。学習や給食、遊びの様子を、許可をとってビデオを撮り、丁寧に話してくれた。

「スプーンがなかなか持てない子がいてね。でも隆の父ちゃんがいろいろ方法変えてやるんだ。きっとあの子持てるようになると思う」と竹男が言った。隆はお父さんとあまりうまくいっていないと聞いていたので、その反応が気になっていた。

その後、みんなで感想を書いた。隆は「お父さんが、何度も何度も挑戦する姿を見て驚いた。竹男くんがお父さんのことをすごいって言っているのを聞いてうれしかった。でもたまには僕ともキャッチボールしてください」と書いていた。

28 あやしい店がある

「なんか、あやしい店がある」と、美和と香奈が言いに来た。その古い店はたまにしか開かなくて、大きいカッターのようなものがあるということだ。

「人が一人ちょうど寝れるくらいの台みたいなものがあるよね」とノブが言ったものだから、「人が寝かされて、でっかいカッターで……。いやだ」と美和と香奈は叫んでいた。

すると翔が「自転車屋の隣だろ。太のじいちゃんちだ」と言う。確かに太のおじいちゃんがやっている畳屋だった。

みんなで仕事場訪問をしたいと思ったが、おじいちゃんはものすごくこわいので、お母さんに話してもらう方がよいと、太が言った。

お母さんにお願いすると、「このごろ少しボケてしまって」と心配していたが、なんとか見学に行けることになった。

隆が「どうして畳屋さんになったんですか」と聞くと、「わしゃ、戦争でおやじが戦死し、空襲で家を焼かれて、ひとりぼっちになった。手に職をつければ食いっぱぐれはないと、親方に叩かれても辛抱して畳屋になった」と答えてくれた。

「店はどんな時あけるんですか」と美和が質問すると、「昔はどの家でも畳があったが、今はすっかり減ってしまって、アパートの引っ越しの時くらいだ」とおじいちゃんは言った。

「この畳の中身は何かわかるかな」と聞かれ、物知りの巧が「それはいぐさです」と答えた。

「よう知ってるなぁ。でも今は固い段ボールで作ったりもする。それに安い畳が中国から輸入されたりするから、商売はあがったりだ」と言うおじいさんの声にみんな困って黙りこくった。

すると太が「じっちゃん、畳を作っているところを見せてやれば」と言った。その声でおじいさんの目が突然職人に変わり、畳床を寸法にあわせて見事に切り、周りを長い針で縫っていき、へりをつけた。拍手が起こった。それは見事な匠の技だった。

「帰りにお茶飲みに寄ってくれる子がいて、父もなんだか張り切ってます」と、笑顔の太の母がお礼を届けてくれた。あの見事な畳のへりで作ったしおりだった。一本一本心をこめて織ってくれたものだった。

29 こんないい風呂屋なのに

学年で「地域の達人を探そう」という総合学習の取り組みで、松の湯に見学に行った。学校のすぐ裏にある小さな銭湯だ。庭に古い井戸があり、子どもたちは大興奮。石を投げ入れようとして、まず叱られた。あやまっている私を尻目に、今度は薪として積み上げられた材木で戦いごっこを始めた。

番台をくぐると、女風呂・男風呂の間の小さな戸に興味津々で、翔たちはいくら注意しても、忍者歩きをして戸を開けようとする。「床にすわらない人は風呂場には行けません」と怒鳴ると、なんとかみんな脱衣所の床にすわった。

サエが「なぜ井戸水を使っているんですか」と質問をした。おじさんは、「湯ざめしないと、お客さんが喜んでくれることが一番かな。それに、一人暮らしのお年寄りだとか、外国の人が多く来てくれるので、経費をかけず、少しでも長く続けたいと、おばさんと二人でがんばってます」と答えた。

「この前トラックから古い木をたくさんおろしていたよね」と信が言うと、「ありがたいことに家なんかを壊す時に、まとめてもら

いに行ってます」と答えてくれた。すると、戦いごっこをしていたレオと誠があわてて材木を片付けに行った。

ふと見ると、リュウと翔が私を手招きしている。

「風呂屋の前の自転車の空気をぬいたり、自動販売機の金入れるところにボンドをぬったりしているやつ知ってる」と翔が言う。

リュウが「ジュースとかが出てくるところに手を突っ込んで取ろうとしたり」と続けた。

なんだかおかしいので、私が「へぇどうやってジュース取るの」と聞くと、リュウが「知らねぇの。こうやって……」と手を販売機の中に入れようとする。ばれてしまった二人は顔を見合わせ「こんなにいい風呂屋って知らなかった」とうなだれた。怒られてもあやまると練習をしたのに、いざおじさんを目の前にすると、私をつつくので私が訳を話した。

地面につくくらい頭を下げた二人。「あやまりにくることは勇気のいることだ」と言いながら、おじさんは頭をなでてくれた。二人ははじけたように風呂場にとんでいった。

30 僕らの松の湯ピンチ

　ある日、智が「大変だ」ととびこんできた。松の湯のおじさんが救急車で運ばれたという。

　翔が「おいらあやまった時は、だいたい怒られるのに、あのおじさんだけ、勇気あるって誉めてくれたのになぁ」と、風呂屋の方を見て言った。

「どうするの。おばさん一人で木とか運べないよ」「見学した時、風呂場の掃除を手伝ったけど、腰痛くなったもんね」「おばさん車運転できるのかな」と口ぐちに話す子どもたち。

　その日はやけにスムーズに授業が進んだ。「はーい」と素直な子どもたち。しかし、ちょうど教室の窓から見える松の湯の方をちらちらと何度も見ているのに私は気がついていた。

　いつもは正午過ぎに煙突から煙が出る。正午になった。教室がさらに静かになり、みんな煙突の方を見ている。やはり煙は上がらなかった。急にざわざわとうるさくなった。しかし、それはわざとお互いを元気づけているようにも感じた。

　しばらくすると「みんな見ろ。煙が」という翔の声。窓の外を見

ると、なんと松の湯の煙突から煙が上がっている。みんな静かに煙を見つめていた。「給食の時間、すぎてる」という隆の声で、「うーん、腹減った」といつものみんなにもどった。

その日の放課後、子どもたちは何やら集まって相談していたが、「先生、関係ないし」とサエに言われ、私は一人かやの外。

後日、松の湯のおかみさんに話を聞くと、離れて住んでいる息子さんたちや仲間の人たちが手伝いにきてくれたそうだ。そして、おかみさんがにこにこして「子どもたちが入れ替わり立ち替わり毎日手伝いにきてくれたんですよ」と言った。「それはよかった」と言いかけたが、きっと、水のかけっこや番台にすわるなどと言って駄々をこねたにちがいない。

「でもご迷惑をおかけしたのでは……」とおそるおそる言うと、おかみさんはこう答えた。

「どのくらい励みになったことか。いたずらも楽しくて。それにね。おやつを出すとみんな、あっという間に食べて帰ってしまうので、困った時には早めに出すことにしてましした」

31 本当のクリスマスは

「篠崎先生、電話です」。受話器を取ると、かすれた小さな声で「ルリの父です」と。「風邪ですか」と聞くと、「実は食道がんと言われました」という声に言葉を失った。

ルリ親子は学区のはずれの古びた二間の借家に二人で住んでいる。家庭訪問の時、「先生、年寄りでびっくりしたでしょう。六二歳です。どこに行ってもお父さんとは呼ばれず、おじいちゃんと言われます」と笑いながら話してくれた。

ルリのお母さんは外国の方で、日本に働きに来ていてお父さんと結婚。すぐルリが生まれたが、二〇代のお母さんはなかなか日本の生活になじめず、ルリが一歳半の時、国に帰ってしまったということだった。

放課後、ルリの家に行くと、お父さんは「すぐ手術と言われました。成功するかどうか半々です。入院中はルリを児童相談所の一時保護所にお願いすることにしました。でもね先生、ルリはいやだというんです。友達と離れたくないって泣かれてね。でも、先生が一緒なら行ってもいいって言うんです」と、お父さんは頭を下げた。

そのお父さんの肩が震えていた。つい先日、日雇いだけど、やっと仕事が見つかったと喜んでいたのに。

ルリと一緒に準備をしようと、タンスを開けた時、その軽さに驚いた。数枚しかないどの衣類も洗濯でうすくなっていた。

二日後、クラスの授業を代わってもらい、ルリと私はバスと電車に乗って一時保護所に行った。途中で、「かなり早いけど、クリスマスプレゼント」と、紙袋をルリに渡した。

病院に行くと、お父さんは放射線を当てるというマークを見せてくれた。副作用はつらいが、ルリのためにがんばると、何度も言っていた。

次の土曜日、面会に行くと、ルリはいつもの穏やかな笑顔でおやつを配る手伝いをしていた。「見て」と差し出したのは、ちょっと苦手な算数ドリル。何度も消したあとがあり、ルリのがんばりが伝わってくる。「あったかい」とプレゼントしたフリースを着ていた。

サンタさん、本当のクリスマスには元気になったお父さんをルリに届けてください。

第Ⅰ部　荒れた学級

32 神はいないのか！

みんな朝から落ち着かない。児童会主催の「じまん大会」の日だからだ。

自慢大会は誰でも参加でき、得意なことをやっている様子が校内にテレビ放送される。

給食の時間になり、みんなテレビを食い入るように観ている。一年のきぃちゃんは「ものまねをします」と言って、「かぁ――」と一声。二年の蓮ちゃんは手品。でも何が起こったのかよく見ていてもわからなかったが、「今日が一番うまくいきました」と感想を言った顔が可愛くてみんな大拍手。

次は、傘をさした二年の圭ちゃんが「トトロやります」と言うと、みんなは「絶対ぼぁぁぁって言うだけだよね」と言いながら画面に集中。するとそのとおり「ぼぁぁぁ」と圭ちゃん。大うけだ。

いよいよリュウたちのダンスクラブの発表だ。なんと支援級から交流にきているカレンちゃんも一緒に登場。ノリノリのカレンちゃんが得意のでんぐり返し。他のクラスから手拍手や歓声が。

放送後、ちょっと照れくさそうなリュウたちを、空港での芸能人

を出迎えるように大歓声で迎える。みんな笑顔。

しかし、翔だけは「来週の柿が命」と、心は柿の抽選会のことでいっぱいだ。翔は柿が大好きで、一年生の時、怒り顔で「学校はうそつきだ。甘柿の顔して渋柿なんてゆるせねぇ」と職員室に怒鳴りこんできた子だ。教頭先生に「柿が渋いことはあやまるけど、柿を取ったことはあやまりなさい」と叱られていた。

数年前から学校に植えられた柿や栗などが一夜にして取られてしまうことが続いた。そこで、子どもたちのアイデアで柿の抽選会をやることになった。児童会で「柿を取らないでください」とポスターを貼ると、柿を取る人はいなくなった。

いよいよ柿の抽選会の日。子どもたちはもちろん、先生たちやボランティアさんにも抽選券は一人一枚配られる。そして給食の時間に当選番号が発表される。当たった人はテレビカメラの前で柿と抽選券を持ち、「うれしいで〜す」などと感想を言う。翔は今年も外れた。

「俺、取るの我慢したのに、神はいないのか！」と叫んでいた。

33 トイレに閉じこもる渚

「渚ちゃんがトイレから出てこない」と美希が私を呼びにきた。「またか」と思いながらトイレに走る。一番奥の洋式トイレで「死ね。地獄へ行け。開けるな」と怒鳴りながら、渚はドアをどんどんと蹴り続けている。

美希に聞くと「習字の時間、渚ちゃんは最初の横の線が曲がったのは、太ちゃんが見たからだって、文鎮を投げて、太ちゃんの墨汁を倒してトイレに閉じこもった」と話してくれた。

美希のTシャツも墨で汚れていた。

あわてて教室に行くと、書写専科の大石先生が机を下げて床を拭いてくれていた。墨はなかなか落ちない。

渚は四人きょうだいの長女で、下に弟が三人いる。お父さんが「うちの子のプリントの印刷が薄くて一〇〇点がとれなかった」と怒りの電話をかけてきたことがあった。プリントはどこが薄い文字なのかわからなかったが、校長が「とりあえずあやまりに行きなさい」と言うので、渚の家に行った。

白い壁の南欧風なステキな家で、とてもきちんと片づき、やん

ちゃな弟たちがいる家に見えなかった。そしてとても静かで、渚も別人のように静かにすわっていた。金融関係の会社に勤めているお父さんの指定した日曜日に行ったが、とうとう会えなかった。

それからも渚は次から次に問題を起こし、閉じこもった。このままではますますひどくなると、わらにもすがる思いでお母さんに連絡をすると、放課後学校にきてくれた。お母さんは、

「子どもを甘やかすことができないんです。ちゃんと育てなければと思えば思うほどうまくいかない。夫に子育てはお前の責任だと言われていらいらして、子どもに強くあたってしまって」と話してくれた。そして自分が子どもの頃、学校は欠席がちだったと話した。学校に行くふりをして、お母さんの働く会社に行き、隠れてお母さんを見ていたと。「母に甘えたかった。だめな自分でも愛されたかった」と言って涙を拭いた。渚と母親の両方のさみしさを感じた。

トイレに閉じこもった渚に「渚は悲しいんだよね。がんばってるのに、だめになると、自分にいらいらしちゃうんだよね」と言った。トイレの鍵が中からカチャッと開いた。

34 カエルのおへそ

算数の割り算の文章題に入った。去年クラスが荒れていたので、かけ算九九も六の段、七の段、八の段はあぶない。「42って、7×なんだっけ」とリュウも頭を抱えている。わからないと立ち歩きが始まる。まずかけ算九九の練習からやり直すことにした。

「テントウムシが3匹います。その背中にはそれぞれ7つの星があります。3匹の星の数はみんなでいくつでしょう」と言うと、みんな「1・2・3……」と一つずつ数え始めた。

太一が「10のかたまりが2つと残りが1」と言うと、みんなうなずく。すると、玉ちゃんが「一匹に星は7つ、3匹だから三つ分で7×3で21」と言うと、「そんな隠し技、ずるくねぇ」と翔が言った。

足の数6本の虫、9匹の足の数を早く数えるという問題を出すと、さすがに一本ずつ数える子どもは少なくなったが、「6+6+6+……」と足し算でやっている子どもが多い。そこで、足し算でやった人と、6×9で答えを出した人と、説明をしてもらうことにした。どちらがわかりやすいか判定する審査員も決めた。

足し算の方は時間がかかり、おまけに繰り上がりを間違えた。しかし、翔は「どっちでもいいじゃん。九九は覚えるのに時間がかかるし、6×9は最後だからめんどくさい」と大声で叫んでいる。シオンは「9×6」と書き、「答えが一緒だからこれも正解」と言い、審査員はますますどれが正しいのか迷い顔。

次に「カエルが4匹います。おへそはいくつでしょう」と聞くと、たし算組は「4＋0＝4」と答えた。玉ちゃんたちかけ算組は「0×4＝0」と答えた。玉ちゃんは「カエルにはおへそはありません。それは卵から生まれるからです。0個です。だから一匹当たりのおへそは0、それが4匹分だから0×4は0、カエルが4匹いてもおへそは0個です」と説明した。審査員も納得。

リュウも「かけ算九九にそんな意味があるならあると言ってよね」と言った。

かけ算の意味がわかった子どもたちは、九九トランプや九九ダンスを作った。颯人と玉ちゃんは九九のジグソーパズルを作ってきてみんなでわいわい楽しんだ。

35 アオサギが来た！

中休みに印刷機を三台同時に回してプリントの印刷をしていた。事件が起こらないうちにやれるだけのことをやっておかないと、いつ何が起こるかわからない。

しかし、悪い予感は当たるもので風子とシオンが「大変だ!!」と印刷室に飛び込んできた。「先生、アオサギが来たんだ。早く来て」とぐんぐん私の手を引っ張る。

連れて行かれた渡り廊下から向かいの校舎の屋上を見ると、見事なアオサギが二羽、のんびり羽根を休めている。「わぁきれい」とうっとりしている私に、風子が「先生、見てないで早く写真を撮ってよ」と怒ったように言う。むやみにせかすので「何かあるでしょう」と聞くと、「先生なら言ってもいいか」と二人でうなずき合った。シオンが言った。

「先生は知らないと思うけど、颯人がこの前、風邪ひいたって休んだでしょ。あん時、颯人は風邪じゃなくてお母さんと一緒にお父さんに会いに行ったんだ。それで温泉に行ったんだって。颯人がお父さんといっしょにいた時、あれと同じ、アオサギ見たって言った

んだ」。風子が「写真を撮って颯人にあげたら、颯人はお父さんとずっと一緒にいる気持ちになれるかなと思ったんだ」と続けた。

実はお母さんから、泊まりがけでお父さんに会うということを聞いていていた。それに颯人が友達に「下呂温泉って言ったって、げろを吐くところじゃねえんだ。いい温泉なんだ」と言っているのも聞いていた。二人の気持ちがうれしかった。

駆けつけてくれた教頭先生に訳を話すと、急いでデジカメを持ってきてくれた。しかし、ウルウルしているのか「ぼやけてきてシャッターが切れない」と言う。すると、事務の正子先生が「こんな大事な時に頼りにならない」と言いながらも、しっかりと写真を撮ってくれた。

颯人は一番見える場所を翔に探してもらい、じっとアオサギを見つめていた。リュウが「先生、おれも前、父ちゃんとディズニーランドに行った」と私にささやいた。目と目でうなずく。

子どもたちは顔だけ窓から出して、一分でも一秒でも長くアオサギがいてくれるよう、そっとそっと見ていた。

36 菜々子の家、店じまい

児童会行事「なんでもフェスティバル」で、お化け屋敷をやることになった。Ａコースは超こわい、Ｂコースはまあまあこわい、Ｃコースは笑っちゃうコースと三つ考えて、制作が始まった。

教室を真っ暗にするための段ボール探しを始めた。スーパーに行き、リヤカーでもらってきたが、まだ足りなかった。学級通信でお願いをすると、菜々子のお母さんが学校まで軽トラックで運んできてくれた。段ボールは軽トラックいっぱいで、お礼を言うと、返ってきた菜々子のお母さんの言葉に一瞬耳を疑った。

「先生、いいんです。今月で店を閉めることにしましたから。近くに大型スーパーができてからガタッとお客さんが減ってね」と言ったのだ。

菜々子の家はおじいちゃんの代からの雑貨屋さんで、どんなものでも配達をしてくれ、みんなとても助かっていた。お店に行くと、だいたい、近所のおばあさんやおじいさんが店の奥でお茶飲みをしていて、いつも笑い声がしているような店だった。おばあちゃん手作りのおからドーナツが絶品だと評判だった。

店の前には「どなたでもお飲みください」と蛇口をひねれば、おいしい井戸の水が飲めるようにしてあり、子どもたちはよくそこで水を飲ませてもらった。「名水」と評判がたち、ペットボトルで汲んで行く人も大勢いた。

何と言ってよいかわからず、「この前の旅行のおみやげ、みんなでいただきました。ありがとうございます」と言うと、お母さんは「よかったです。姪の結婚式で、お金もないのにどうしようかと思ったんですが、夫がこれからは旅行もできなくなるかも知れないって、子どもたちを連れて行きました。とても喜んでました」

「先生、お化け屋敷楽しんでくださいね。子どもが元気だと、親はそれでがんばれる。おばあちゃんが、命さえあればまたいいこともあるって言ってくれたので、ふんぎりつけて来月からはパートで働くことにしました」

お母さんは、車の窓から手を振りながら帰って行った。きれいな夕焼けがなぜか悲しかった。

37 障がいのこと聞いてみた

その日の掃除の時間にシオンが怒ってぞうきんを投げた。訳を聞くと「海人がね、俺がカレンちゃんにぞうきんしぼって渡したら、『カレンがうつる』って言うんだ」と興奮して話す。

海人は隣のクラスの子で、アスペルガー症候群と診断されている子どもだ。シオンの怒りはよくわかる。しかし、海人も支援級在籍のカレンちゃんが受けているような視線を受けているのではないだろうか。

職員室に戻り、その話をすると、「シンショウ（身障）」という言葉を子どもたちが言っていることや、支援級のテイちゃんのことをからかったりしていると、四年担任の景子先生も話してくれた。

そこで、以前、機会があったらと言ってくれていたカレンちゃんのお父さんにお話をお願いをすることにした。

三、四年生みんなが家庭科室に集まった。一番前の席にリョウとシオン、翔たちが座っていた。お父さんは静かに話し始めた。

「カレンは自閉症です。女の子がほしかったので、生まれた時は家中とても喜びました。しかし、育てるのがとても大変でね、抱こ

うとするとものすごくあばれてね。ことばが遅く、心配して行った病院で自閉症と診断されました。

　いくつもいくつも病院を回ったけれど、同じでした。カレンの母親も私も眠れなかったです。泣いてばかりいました。何がいけなかったか自分を責めたり、もう生きていてもしようがないと考えたり……。でもそんな時、いつもカレンが笑うんです。私には見えないきれいなものが見えるのかなと思います。

　自閉症は今の医学では治らないと言われています。でもおじさんは、きっといつか薬や治療法が見つかると信じてがんばってます。

　三年になってカレンは変わってきました。ダンスクラブに入れてもらってみんなと一緒に踊ったり、リュウくんだよね、大縄とびをカレンに合わせてまわしてくれたのは。跳べた。うれしかった。この前もタオルを自分でしぼり、『タッタ、タッタ』と言いながらリビングを拭き始めてね。まだうまくしぼれないので、ビシャビシャだったけど、うれしかった」

　シオンの顔がぽっと赤くなっていた。

38 キックボードのサンタさん

リュウが「大ちゃんが二学期で転校するんだって。新しい父ちゃんができるんだって。なんかしてやりてぇなー」と言ってきた。

大ちゃんは、ペア学級の一年生。火曜日の四五分のロング休み時間にずっと遊んできた。大ちゃんはリュウを「剣玉の師匠」と仰いでくっついているので、リュウの気持ちはよくわかった。

さっそく班長会を開いて「合同クリスマス会」の原案を作り、一年三年合同の学級会を開き、係やプログラムを決め、飾りや出し物などの準備も一緒にすることにした。

当日になった。「あわてんぼうのサンタクロース」と、オレンジレンジの「花」を一年生の指揮で歌った。「さすらいのギャンブラー、どんでん返しじゃんけん、動物園メリーXマス宝さがし」と、ゲームを思いっきり楽しんだ。

次は、各合同班の出し物だ。リュウと大ちゃんの班は「おかしだいすきくいしんぼう王さま」というジャンボ紙芝居をした。模造紙一二枚にみんなで絵を描いた力作だ。

「悲しい時には、前あった楽しいことを思い出すんだ。それでも

悲しい時には、これからの楽しいことを考えるんだ」と森の精の言葉をリュウはゆっくり読んだ。きっと大ちゃんへのメッセージだろう。ちょっとしんみりして、あたたかい拍手が起きた。

会も終わりに近づき、おやつ係が手作りしたお菓子を食べている時、大ちゃんが突然「しゃんたしゃんこないな」と言った。サンタさんのことはすっかり忘れていたのだ。

すると、何とキックボードに乗ったサンタさんが現れた。サンタさんは一人ひとりに握手してくれ、大ちゃんは肩車をしてもらって上機嫌。風子が「サンタの声、藤川さんの声に似ている」と私の耳元でささやいた。

「消火器を振り回したり、ガラスを何枚も割ったりしたリュウたちが、一年生と一生懸命段ボールでクリスマスツリーを作る姿を見てね。本当はやさしい子たちなんだと思った。道具を貸すとありがとうって返しにくるんだよ。だから今日はちょいとね、プレゼント」と学校作業員の藤川さんは小声で言った。そして藤川さんが扮したサンタさんは、またかっこよくどこかへ消えていった。

39 離婚の準備しています

冬休みになった。夜、校長先生から、真がいなくなったという電話が入った。警察にはすでに届けを出したということだった。

ゲームセンターやコンビニ、公園のトイレまで捜したが、真はどこにもいない。途方にくれていると、携帯が鳴り、大型電気店のゲームコーナーにいることがわかった。

迎えに行くとお母さんもきていて、家に着くと真は疲れていて、すぐ眠ってしまった。

以前、真のお母さんから、夫は自分のことを、家事をする道具のようにしか思っていないと聞かされていた。生活費をほんの少ししか渡してくれない、お姑さんの意見を大切にし、自分は無視される、自分に気に入らないことがあると、大声で怒鳴ったり、物を投げたりする……。自分は働いていないので、別れても生活ができないので我慢しているとも話していた。

真のお父さんは、庭にハンモックやお手製のブランコを作り、誰でも遊びにきてくださいと誘ってくれたりした。テントを張ったので泊まりにきてくださいとか、リュウたちを車に乗せて川遊びに連

れて行ってくれたこともあった。笑うと真と同じ顔になるお父さんの実像がつかめずにいた。

そんなことを考えていると、お母さんが突然、「先生、私、今離婚の準備をしています」と言った。まずお父さんに隠れてパートをして、アパートを借りるだけのお金を貯めた。料理が下手だとか、家が散らかっているとか言われるので、二カ月かけて家の中を整理し、料理も手抜きをしないで作った。

「でも、先生、私だめです。真が失敗をしたり、言うことをきかないとものすごく腹がたって、実は今日もお尻を叩いてしまったんです」とあわててティッシュをとって涙をふいた。

次の日、お母さんから電話があった。

「あのあと、夫があわてて帰ってきて、よかった、よかったと言いながら、寝ている真の頭をずっとなでていました。その後、夕飯まだだろうって、長崎ちゃんぽんを二人で食べに行きました。離婚する準備をしたら、なぜか心が落ち着きました。だから、もう少し夫と向き合う努力をしてみます」

40 七輪囲みパーティー

社会科で「昔の生活で使った道具」について学習した。教頭先生が張り切って買ってくれた真新しい七輪を見ながら、翔が「火を起こして、なんか焼いて食いたい」と言うと、一気に盛り上がった。何を焼いて食べるかと聞くと「もちがいい」ということに決まりかけた。その時、智の呼吸が荒くなっているのに気づいた。何か言いたいことがあるに違いない。

智に近づいてそっと聞いてみると、「もちは嫌いだ」と答えた。今の智ならきっとみんなに言えると思い、「智、いやなものはいやだと言ってみよう。わかってもらおう」と言ってみた。智はちょっと躊躇したけれど、手をあげた。

「あのー僕、もちはだめですよ。口の中でひっついて、たたかうのでいやですよ」と言った。すると、夏美が手をあげ、「私ももちは苦手です。くにゅっとした感じがだめなんです」と言った。

みんなで話し合い、もちをきらいな人は食べられるものにすると決めた。「もちパーティー」が、「やきやきパーティー」に変更された。

当日。まずマッチをする練習から始めた。やっと火は起こせたが、みんな煙にむせて、涙目になった。「むかしの人はえらかった」としみじみと言っていた。そして、いよいよやきやきパーティー。

リュウが何かもじもじしている。持ち物などは連絡してあるが、もしものためにと、もちは用意しておいた。リュウにそっともちを渡すと、美春がのりを差し出した。リュウがにぃーと笑うと、美春もにぃーと笑った。

ルイのおばあちゃんの手作りのアンコもおいしかった。

リュウやレオは「手作りはうまいなぁ」と言いながらタッパーまでなめていた。智は大好きな魚肉ソーセージを焼き、夏美は干し芋を焼いて食べていた。

「あーあー翔が」と言うので振り返ると、翔は肉の味噌漬けを焼いていた。いい香りがただよう。「ずるい」という声をものともせず、肉をパクリ。それを見て、お父さんが無事退院でき、児童相談所から戻ってきたルリが笑った。翔の残りの肉はみんなで少しずつ分けて食べた。「まいぅー」（うまいの反対語）

41 いじめ、ずっと我慢

リュウがシオンとけんかをして、蹴られたところが痛いというので保健室に連れて行った。

「もういいかげんにけんかやめてくんないかな」とぶつぶつ言うと、「俺だってやりたくてやってんじゃねぇ」とリュウ。「もう。そんなやつには消毒薬攻撃！」と私。「やめてくれ」と逃げるまわるリュウ。その場にいた隣のクラスの海人が熱をはかり終わり、保健室から出て行ったのだが、廊下に出た途端、もどしてしまった。

後始末をし、落ち着いてから、海人に「風邪ひいたの」と聞くと「違います。今、先生とリュウの話を聞いていて、気持ちが悪くなった」と意外なことばが返ってきた。

「ぼく、クラスでいじめられています。で、自分が悪いと思ってずっと我慢してきた」と海人はいじめられてきたことを話し始めた。Gパンに涙がぽとぽと落ちた。

海人の後ろ姿を見ながら、養護の京子先生が、「無理して、がまんしてみんなにわからないようにしていても、自分の体はごまかせない。きっとさっきの先生とリュウちゃんとのやり取りを聞いて、

悲しい心が息をふきかえしたのかな」と言った。

　隣のクラスは授業も成立し、トラブルなども起きていない。しかし、深く静かにいじめは進行していたのだ。

　担任の大道先生とじっくりと話し合って、いじめについての学びのプログラムをもう一度やってみることにした。いじめは人が立ち直れないほど傷つけるばかりでなく、実は自分も傷つくことなど子どもたちは学んでいった。そして、子どもたちの関係を組み替え、「すてきな自分、すてきな友達」に出会うよう、学習発表会の取り組みに入ることにした。

　給食の時、金八先生のビデオを見ていたリュウが「踊りてぇ」と言ったことから、学年全体でソーラン節を踊ることになった。実行委員に海人も立候補してきた。音楽室の楽器を全部使う学年合奏と群読の練習に入った。

　「あめ」（山田今次作）「あめはぼくらをざんざかたたく……ぼくらのくらしをびしびしたたく……」

　体育館の屋根をたたく雨に負けない子どもたちの声がひびく。

42 力強い決めポーズ

学習発表会の取り組みが始まった。ソーラン節実行委員の代表のリュウが、校長先生と体育主任の先生に、「戸締りは二組の海人さんが見て、鍵は僕がやります」と言い、体育館を借りることができた。出し物ごとのグループ練習が始まった。

練習の後、シオンから「リーダーだかなんだか知らないけれど、リュウはいばりすぎ」という意見が出た。すると松男が「あと一回だけって言ったのに、三回もやったんだぜ。ひどくない」と続けた。「へたって言わないで」と智も言った。

リュウは怒らず聞いていた。そして、「うまく言えない。でも運動会の時みたいに腹を立てているんじゃない。みんなきっとうまくなると思うから言っちゃうんだ」と言って下を向いた。

風子が「リュウちゃんの気持ちがわかるよ。だって松っちゃん、ふざけすぎ。智ちゃんにはあやまった方がいいと思うけど」と言うと、リュウはもっと下を向いて、ごそごそ目の当たりをふいていた。

いよいよ当日。保護者も校長先生も、畳屋のおじいちゃんも、おじさんが元気になった風呂屋のご夫婦も、子どもたちが招待した。

退院したばかりの丸男のお母さんも「今日は体調がよかったので」と言って来てくれた。丸男も満面の笑顔。

グループごとの出し物は見事だった。特に海人やリュウたちの跳び箱は、ひねりあり、同時に何人も跳ぶ技ありで、どきどきして息もつけないほどスリル満点。拍手が鳴りやまなかった。

特に作業員の藤川さんがとび上がってリュウをほめてくれた。リュウのお母さんが「先生、はじめてリュウが私の目を見てくれました」とうれし涙をぬぐった。

そしてソーラン節になった。大人用のワイシャツの背中に好きな文字を書いて作ったはっぴが跳ねる。回る。舞う。軽やかに踊る子どもたち。最後の決めポーズは「お楽しみだよ」と私には内緒だった。大きな波のうねりができ、七つの三段ピラミットができた。てっぺんには玉ちゃんと智がよろめきながらふんばっている。そして二組のタワーの一番上に「おう！」と力強い声とともに海人がすっくと立った。

43 子どもの命を守ってきた母

「自殺未遂でもしてろ」とリュウは、椅子を私に投げつけた。放課後の算数の個別指導をやっている時だ。このところ穏やかな時といらついている時が交互にやってくる。何にいらつくのか私にはわからなかった。学習発表会の時のあのいい顔はどこにいってしまったのだろう。何も言えず、椅子をかたづけていると、リュウはどこかに行ってしまった。

しばらくして、リュウがジャンバーを忘れていることに気づき、気を取り直してリュウの家に届けに行った。リュウは遊びに行って家にはいなかったが、お母さんがお茶を出してくれた。学習発表会の時のリュウのリーダーとしてのがんばりを話すと、笑顔になってきた。「先生のおかげです」とお母さんは言ってくれたが、今日の私の心は重たい。

「今日はリュウちゃんとうまくいかず、自殺未遂でもしてろと言われてしまいました。すみません」と言った。

するとお母さんは、「先生すみません。そのことばは、前の主人が私に言ったことばです。リュウは三歳くらいだったので覚えてい

ないと思ったのに」と言った。そして目を赤くしながら、次のような話をしてくれた。

――私が小学校六年の時に母が家出しました。だんだん父を恨むようになり、中二ぐらいから夜、家にも帰らず、遊びまくりました。たまに学校に行くとまわりの目が冷たくて、先生は怒ってばかりで、一度キレたら殴られました。高校なんて考えもしなかった。

そのころ夫と知り合い同居し、子どもが二人生まれました。最初は夫もやさしかったのですが、仕事もせず、酒を飲むと暴れ、時には女の人を連れこむこともありました。何か言うと、殴られたり蹴られたりして。ある時、この生活をやめたいと言ったら、やっぱり殴られて、自殺未遂でもしていろと言って、包丁を投げて家を出て行きました。私はリュウの首を絞めて自分も死のうとしましたが、リュウが私を叩き続けて、やっと我に返りました」

私は、「そんなつらいことがあっても、お母さんは子ども二人の命を守ってきたんだ。がんばってきたね」と言うのが精いっぱいだった。

44 牛乳パックのたたみ方

リュウに対して指導の手だてが思いつかず悩んでいると、一年生の春菜先生が、まず一年生との交流給食から始めてみてはと言ってくれた。給食当番でない三年生七、八人が、自分の給食を持って一年の教室へ行き、ＰＴＡの工作教室で作った縁台にすわって給食を食べるというものである。たったこれだけのことなのだが、実はドキドキしていた。

三年生の給食風景は、以前よりよくなったとはいえ、立ち歩きやパンの投げ合い、時どきお代わりをめぐってのけんかもあるのだ。もし、一年生の教室でそんなことになったらどうしよう……。

一日目に、颯人が縁台にふざけてすわり、後ろにひっくり返った。一方、リュウは「骨がのどにひっかかると、目から火が出るほど痛いからね」と、一年生のさばのみそ煮の骨を取ってあげていた。やさしいいい時間。シオンは「ピーマンは息止めて食べると大丈夫」と食べてみせていた。ピーマンとグリーンピースは嫌いと、クラスでは残しているのに……。

一年生は「レオちゃんはいつでもゲップ出せるんだって」とか、

「智ちゃんは新幹線の駅の名前、全部言えるんだ。すごい」と尊敬されて照れている。「夏美お姉ちゃん、竹馬できるの。今度教えて、教えて」などいろいろなふれあいも生まれてきた。

風子は「こんなに静かに給食食べられるなんて久しぶり」とうっとり、デザートのヨーグルトを食べている。

突然、一年生のリクが牛乳パックを足でパンパンつぶし始めた。リュウが「冗談、冗談」とあわてているのを見て、きっと何かを言ったに違いない。

「リュウ何とかしなさい」と言うと、リュウは、

「一年生のみなさん、牛乳パックは足でつぶすのではありません。こんなに床がよごれてしまいますよ。では……」と折り紙先生のように、たたみ方を丁寧に教え始めた。

「おにいちゃん、すごいね」と、一年生はパックのたたみ方を教わろうと、リュウの前に並んだ。それを見ていた風子が私に言った。

「今までやんなかった分、やってもらいましょう。うふふ」

45 141人のクラブ活動

いつの間にかリュウがいない。やっと探すと、一年生の教室にいた。一年生は静かにリュウを見つめている。

「なぁみんな、勉強はあっという間にわからなくなる。先生の話、しっかり聞いていないとだめだ。教室を出て行くと帰りにくくなるぞ。どこがわからないって言えないくらい、わかんなくなるぞ。きびしいぞ」

一年生はうんうんと言いながら聞いている。もう下校時間になるので、「リュウここにいたの。さがしたんだから」と言うと、照れくさそうに廊下に出てきた。

一年生が「バイバイ」と手をふる。リュウも手を振っている。やさしい顔だ。きっと何かあったんだろうなと思って訳を聞くと、

「一年生のリクが教室に入らず、ケヤキの木の下で棒を握りしめ、怒り顔で立っていたのが見えた。きっと何かくやしいことがあってかたまっていると思った」と話してくれた。

リクを一年の教室に連れて行ったら、春菜先生から、三年生のリュウ兄ちゃんの「九歳の主張」をやってくれと頼まれて、話をし

ていたと説明してくれた。
　クリスマス会も一緒にやり、給食でも関係ができたので、もっと交流をすることにした。毎週水曜日の午後、合同で「学級内クラブ」をやることにした。総勢一四一人のクラブ活動だ。シャボン玉、的当て、けん玉、わりばし鉄砲、あやとり、カルタ、マンガ、ダンス、逃走中、おにごっこ、サッカー、ドッジボール、一輪車、お散歩、ひなたぼっこクラブなどができた。
「こわ――い」と泣く一年生をおぶって翔がドッジボールをしている。しばらくすると一年生が背中で笑っている。翔にもっと速く走れと指令を出している。リュウは、一年生の方がけん玉がうまかったので、意地になって練習している。サッカークラブは、一年生はボールにさわったら一点、ゴールしたら五点と決め、点数を記録する係を決めていた。重いサッカーゴールを片付ける時は、一年生に声かけ係になってもらった。「ワッショイ、ワッショイ」。
　玉ちゃんは医者からもう全力疾走してよいと許可が出て、一年生と手をつないで走る。一四一人の笑顔がはじける。

46「けんかはやめよう」宣言

クラスの目安箱に、「暴力をやめてほしい。授業中静かにしてほしい。玉彦・敏夫・サエ」という、いやし隊のメンバーからの手紙が入っていた。班長会で、翔が「無理じゃねぇ。まだリュウとか時どき騒ぐし」と言うと、サエが「前はこんなこと書くと、リュウたちはものすごく暴れたと思う。けど、今なら言えるって思ったんだよ」と言った。

翔と夏美の司会する学級会が始まった。

「たたく前に訳を言ってほしい。それからけんかを止めるふりしてたたく人もいるので、やめてほしいです」と敏夫が言った。リュウは、教室の隅っこでボールにさわりながらふてくされている。レオが「からかわれたりすると、むかつく」と言い、松ちゃんが「嫌なことされると、仕返ししたくなるじゃん。人間って」と言った。智が「耳元ででかい声されると、ついたたく。止められない」と言うのを聞いて、なぜかリュウは席に着いた。

颯人が「リュウたちには、今まで決めたことを何度も破られた。こんな難しいこと決めていいの？」と言った。

夏美が「それは言えるけど、チャイム着席の時も、運動会の時も、決めたことが書いてあったから、守らない人にどうして？って聞けた。みんなの願いだから決めたいです」と言った。

玉ちゃんが迷いながらも手をあげた。

「けんかやめてって前は言えなかったけど、僕が前、リュウちゃんに『負けるが勝ちだよ』って言ったら、やめてくれた。リュウちゃんたちも前とは違うと思う。今ならできるかもしれない」と言った。大きい拍手が起こった。

リュウが手をあげた。そして話し始めた。

「一年生の時に翔に暴力を振るわれていたことを、いじめの学習の時言えた。翔も泣いてあやまってくれた。わかってもらえてうれしかった。オレもがんばる」と言った。

風子が「もしもだけど、誰かが破ったとするでしょ。そうなった時は、どうやったらできるようになるか、何度でも考えればいいよ、みんな」と言った。こうして「けんかはやめよう。授業中は静かにしよう」という学級スローガンが、教室の前面に貼られた。

47 ぶったたいてください

学級スローガン「けんかはやめよう」を教室に貼って四日目、リュウは大地のお腹を蹴ってしまった。暴力を振るわないと、あんなに誓ったのに、破ってしまった自分が情けないのだろう。リュウは、防災ずきんをかぶったまま、声をたてないで泣いていた。

放課後、大地の家に一緒にあやまりに行った。

帰り道、お寺の階段の所で、リュウは小さい時に兄に暴力を振るわれたことを話し始めた。これまで家での暴力について話を聞こうとして「うるせぇー」と拒否されていたのだが、この日は違った。リュウが、自分と向き合い直そうとしていると感じた。私も、今日は事実から逃げないで、真っすぐ向き合おうと思った。

「これからリュウの家に行ってもいい?」と聞くと、リュウはうなずいた。お母さんに電話したが、通じなかった。折り返しすぐ「リュウの家のもんです」と男の人から電話が入った。私はリュウの前のお父さんが時どき家に来ているのだと思った。

家に向かって歩き始めると、リュウはうなだれながら、とぼとぼついてきた。家に着くと、お母さんと男の人も玄関で迎えてくれた。

「お父さんですか、担任の篠崎です」と言うと、お母さんが「いいえ、この人は前の主人ではなくて」と紹介した。その人は、新しい交際相手だったのだ。

リュウはこのごろお父さんとのことをよく話していたのだが、それはお母さんに再婚相手ができたことからの揺れだったのか。

男の人は正座をして、「リュウは勉強ができないことを知られたくなくてあばれるんです。俺もワルだったから、よくわかります。俺なりの方法でリュウをよくします。先生もぶったたいてください」と続けた。リュウはそのことばを聞いて下を向いてしまった。

私は迷いながらも、「私だってたたきたいと思うことはあります。でも、たたくことで暴力を止めることはできないと思ってこらえます。うまく言えません。すみません」と言って、頭をさげた。

お母さんに好きな人ができて一緒に住むという事実を、自分なりに受け止めようとしても、どこか揺れてしまうリュウ。心の中の葛藤を抱えて学校に来ていたんだ……。眠れない夜になった。

48 葉っぱつきミカン

家を訪問したことで、リュウがひどく叱られたのではと、リュウに声をかけた。「けじめの尻一発。これが最後だって」と返事がかえってきた。そして「今度の日曜日、じいちゃんも呼んで、みんなでミカン狩りに行くんだ」と言った。声は暗くなかった。

翌週の月曜日、リュウはクラスのみんなに一つずつミカンを配って歩いた。「どうしたの」とサエが聞くと、「じいちゃんとみんなで、ミカン狩りに行ったから」と弾んだ声で答えた。

翔が「この中で一人、ミカン好きなのにミカンがもらえない人がいる」と言いながら、私を指さした。ああー、やっぱり嫌われたと思っていると、「ジャ〜ン。先生には葉っぱつきのミカン。きっと絵を描こうって言うと思ったから」と、たくさん実がついているミカンの木の枝を一本、手品師のように出した。

おじいちゃんとお母さんの新しい恋人との出会いはよかったのだ。リュウは「たかちゃんがね……」とはじめて男の人の名前を教えてくれた。まだお父さんとは呼べないが、一生懸命受け入れようとしていると感じた。

みんなでミカンの絵を描き、その絵をピンクのふわふわリボンで飾ってリュウの家に届けに行った。帰り道「せんせーい」という声に振り返ると、リュウとお母さんが追いかけてきた。

「先生、前に話してくれた『ことばの教室』ですけど、リュウが行きたいというので、お願いします」とお母さん。リュウもうなずいた。お母さんは仕事を休んでことばの教室での授業を参観し、感想をこう書いてきた。

「リュウのことを今まで見ないできたように思いました。きのうはじめてリュウが甘えてきました。思ったことをなかなか書けないのを見て、今まで話をじっくり聞いてあげなかったことにも気がつきました」

葉っぱつきのミカンは「見せたい人がいるでしょ」と私が言うと、リュウは職員室に行き、先生方に見てもらった。教頭先生が廊下にみかんを飾り、張り紙をした。

――リュウさんのおうちでミカン狩りに行った時のミカンです。においをかぐとなんだかやさしい気持ちになれますよ。

49 赤ちゃんと過ごす

あと二週間でリュウたちのクラスが終わりになる時に「みんな大切な命」というテーマで赤ちゃんと一緒に過ごす取り組みに入った。

赤ちゃんは、タオルとストッキングで三キロ、五〇センチの人形をグループで一つ作った。子どもたちが赤ちゃんの時に着ていた服を着せて、授業中はロッカーの上に〝保育園〟を作り、そこに預けることにした。休み時間になると迎えに行き、だっこしたり、あやしたりして過ごした。哺乳瓶で実際にミルクを作ったり、紙おむつの交換も全員でやった。やり方がわからないのでお母さんに教わった子、自分の赤ちゃんだった時のビデオを見てきた子もいた。

翔は、なわとびのひもで赤ちゃんをおぶってドッジボールをしていた。赤ちゃんにボールが当たらないように、必死に逃げている姿がとてもかわいかった。

リュウは人形の赤ちゃんなんか相手にしないと思っていたが、最初から赤ちゃんを離さなかった。何か話しかけている顔がとてもやさしかった。帰りには、家に連れて行きたい人がじゃんけんをして、勝った人の家に赤ちゃんが泊まることになった。リュウは必死で

じゃんけんに勝ち、「みなみちゃん」と名づけた赤ちゃんを、まだ寒いのにジャンバーを脱いで着せ、家につれて帰った。

ある日、急にリュウは「紙、くれ」と言い、なにやら書いて持ってきた。そこには「野沢リュウのけんぽう」が書かれていた。

〈野沢リュウのけんぽう〉
◆先生の話をきく。　◆とりくみをがんばる。
◆そうじをがんばる。　◆ぼうりょくをやめる
リュウ印

リュウの決意が表れているいい字だ。はんこも押してある。

リュウは自分が一度破ってしまった「けんかはやめよう。授業中は静かにしよう」という学級宣言の横に「リュウのけんぽう」を貼った。翔が椅子を押さえ、松男が画鋲を渡して手伝った。サエが「書くだけでえらい」と言った。「それに向かっていくだけですごいことなんだよ。無理しないでね」と私が言うと、リュウはこっくりとうなずいた。

50 やったね！　自分に拍手

今までできなかったことに挑戦する「新しい自分に出会おう」という個人目標を提案した。ことばの教室でLD（学習障がい）ではないかと言われたリュウは、「モチモチの木」のまめたが、いしゃさまを呼びに行くところを三ページ写すという目標を立てた。しかし、あと一三行写せば終わりというところになって、突然ギブアップ。後ろのロッカーの上にろう城してしまった。

緊急学級会を開くことにした。「目標を達成したら飲めや歌えのお祝い会をやろうと決めていましたが、リュウがもう少しというところでロッカーの上です。①リュウにがんばってもらい、みんなで達成の会をやる。②リュウは残念ながら参加しないで会をやる。③リュウは今までで一番がんばったので、できたことにして会をやる。④その他――どうしますか」と提案した。

翔は「②番です。みんな大変だけど、がんばってきたんだ」と怒ったように言った。香奈は、リュウの所に行って話を聞こうとしていたが、「何も言ってくれない」とがっかりしていた。松男は「俺だってサポート隊に助けてもらって、今やっと終わった。リュ

ウ、がんばれよ」と励ました。そして、玉ちゃんが「リュウの憲法に取り組みをがんばるって書いてある。あれからリュウはがんばってる。リュウなら、できるよ」とリュウの憲法を指さしながら言った。翔が「リュウにお願いしよう、みんな」と言うと、リュウは何も言わず、どこかに行ってしまった。

話し合いは無駄になったかとがっかりしていると、翔が「リュウは賛成の意見の時には前向き、反対の時には後ろ向き、わかんない時にはぐるぐる回ってたよ」と私に言った。いつもの通りにしている方が、リュウも帰りやすいという翔のアドバイスで、「赤ちゃんと遊ぶ時間」にし、みんなで赤ちゃんの世話を始めた。

するといつの間にかリュウは入ってきて、「寒いでちゅね」と言いながら、職員室に赤ちゃんを連れて行った。菅山先生に「リュウもいいお父ちゃんになったなぁ」と言われて照れている。

リュウは教室に戻り、モチモチの木を写し始めた。レオと玉ちゃんが書くところを指で押さえている。あっという間に書きあげた。「やったね！」と拍手が起こり、リュウも自分に拍手していた。

51 クラス最後、春の祝い

無事「あたらしい自分に出会おう」という目標を達成したので、お祝いをした。

一日目は、一年生と合同の大かくれんぼ大会と宝探し。二日目は、本物の赤ちゃんに会いに近くの保育園に行くことにした。自分たちで作った劇や紙芝居の道具をリヤカーに積んで、保育園へ向かって出発した。

道路に出ると、「がんばれー」と、一年生がみんなでベランダに出て手を振ってくれた。みんなとびっきりの笑顔で「ありがとうー」と手を振った。リヤカーを押すのにがぜん力が入った。

保育園ではまず「本物の赤ちゃん」と遊んだ。

リュウの相手の大地ちゃんは、なかなかのツワモノらしく、リュウのほっぺを突然たたいた。リュウがびっくりしていると、なぜか大地ちゃんが大泣きし、だっこしようとすると、今度はのけぞって足でリュウを何度も蹴った。リュウが困った顔でいると、風子が「いないいない、ばぁー」とアドバイスをした。

リュウが思いっきり変な顔をしながら、「いないいない、ばぁー」

をすると、大地ちゃんのご機嫌は直った。リュウが「子育って苦労する」と言ったので、私は思わず笑ってしまった。

劇の準備を始めると、小さなお客さんたちもホールに集まり始めた。保育士さんたちが、子どもたちを静かにすわらせているのを見て、「プロはすごい」と颯人と敏夫が言った。

隣のデイサービスのお年寄りたちもやってきて、手をたたいて笑ってくれ、大いに盛り上がった。その中で涙を拭いている人が気になり、風子と一緒に声をかけた。

「子どもたちが、あんなに頑張っている姿を見ると、うれしくてね。ありがたくってね」と、また涙を拭いた。それを見ていたリュウが「俺たちでも、なんか役に立つことできるんだ」とつぶやいた。

三日目、クラス最後の日だ。ほめほめ係と写真係が、共同で作った桜色のカードを一人ひとりに配った。そこにはみんなの寄せ書きがぎっしりと書いてある。大騒ぎで読んでいる子どもたちを春の日差しがやさしくつつむ。桜のつぼみも厳しい冬を乗り越えて、もう少しで咲く。春よこい。みんなにこい。子どもに恋（こい）。

第Ⅱ部

女子グループが抱える問題

52 波乱と苦悩の新学期

「篠崎さん、人事異動は取りやめます。そのかわりに六年を持つように」との校長の一言。急に転校生が出たため、学級数が減り、一人教師が異動しなければならなくなった。いつも職員会議で意見を言ってしまう私は目の上のたんこぶ、そのせいかどうか校長に異動するように言われていた。

同僚が何人かかけ合ってくれたが、だめだった。狂ったように教室を片付け、異動の荷造りをし、やっと終わったばかりという時のまさかのひと言であった。

私はめまいがして倒れそうになりながらも、「えっ、あの六年ですか」と聞き返した。うなずく校長に、「私にはできません。異動させてください」と言ってしまった。職場の仲間には申し訳なかったが、あの六年生を担任するくらいだったら、異動する方がまだ耐えられると思ったのだ。

「あの六年」とは、一年から深刻ないじめがあり、五年では、担任への反発から集団で学校をエスケープしたり、集団で欠席をしたり、保健室に立てこもったりした子どもたちだ。学級崩壊状態で、

担任は心を病み、療休に入った。男子グループは万引きを繰り返し、不登校も多い。

　校長は勤務評価では私に、「指導力不足の教師」と言いながら、困難なクラスの担任をやれと言う。指導の構想がたたない溜息ばかりの春休みとなってしまった。

　四月五日、私は週案に「あと○○日で終業式」というカウントダウンの日数を書いた。五日の始業式。担任する六年一組のクラスの前に立つと、「ウザ」という声がさざ波のように起こった。

　教室に入ると、席にはついているが、みんな勝手なことをしている。男子はトランプ、女子は手紙を書いて回している。名前を呼んでも返事もしない。私と目を合わせない。特に女子はがんとばしのように鋭い目で私を睨みつけている。わざと聞こえるように悪口を言い、私が「なんか言った?」と言うと、「言ってないよ。年とると耳も悪いんだ。オバンはやだね」とせせら笑う。

　苦悩の日々が始まった。

53 びくびくする日々

「ウザ」「死ね、オバン」「キモ」で生活している女子。思い切って話しかけても「はぁーん」と下から睨みつけるか、ばかにした笑いが返ってくるだけだった。

授業中指名しても無視。「自分で答えりゃいいじゃん。まさか教師のくせに、答え知らないってか。笑える」と麻子が言うと、他の女子も一斉に私をばかにしたように笑う。

体育の時、体育着に着替えないので注意すると、「あぁん。着替えようと思ってたけど、あんたが言ったから。や・め・た」と椅子を蹴っとばして、六人連れだってどこかに消えた。

掃除の時、「掃除やろうか」と言うと、「ぞうきん盗まれた。泥棒がいるクラスをどうにかしてから言うんだね」と未紅が言う。床拭きをしている友達の顔を覗き込みながら、「ようやるね」とニヤニヤしながら廊下で遊んでいる。

月美が珍しく私に近づいてきて、耳元でこうささやいた。

「先生、いいこと教えてやる。自分ではいい先生だと思っているかもしれないけど、おばさんたちはひいきする先生って言ってるん

だよ。だめな教師って、お母さんたちから言われているの知らないの。できない子ばっかり話したり、電話したりやさしくして」

「だめな教師」というフレーズが私の頭の中でぐるぐる回った。今の私は本当に何もできないで、打ちのめされているだめな教師だ。

女子のほとんどが掃除をしないので、私は一人で、空き教室の掃除をしていた。戸棚のほこりに書かれた落書きを見て、私は言葉を失った。

「しのざき　しね」

授業はあっと言う間に成立しなくなり、ドアは何度も蹴られ、痕がついた。もう彼女たちと関わることはこわくて、何か起きても注意することはできなくなった。ちょっと音がすると、子どもも私もビクッとするようになっていった。

そんな中で救いは、草太たち気のいい男子が一緒に給食当番や掃除、授業の準備を必死にしてくれる時間だった。その小さな人のぬくもりが、その時の私をかろうじて支えていた。

54 なんだ、私も同じだ

由美が中心の女子グループを、今すぐ変えることなどできない。それなら私が変わろうと思い、「自分を元気にする四カ条」を作った。

①だめもと。失敗してもめげない。もともと私には魔女のような力はないのだから、心にふたをしないで、いやになったら「いや」と口に出して言える「グチメル友」を見つけよう。

②無視、批判、うわさなど、どんな行動の裏にもメッセージがある。ヘルプのサインかもしれない。形の変わった対話だと思い直そう。

③荒れる・拒否するひまを与えないくらい行動の渦を巻き起こす。

④子どもの声を聴く。困ったらみんなで話し合う。子ども、保護者、職場の力を借りまくる。

めげる心を何とかしようとしていたころ、掃除の時間のことだった。女子グループが掃除をしないので、超忙しい。私は通りかかった人に「そこ拭いて」と頼んだ。すると「はぁーん、あんたがやれば」。由美の声だ。「うちら、手が汚れるからい・や・だ」と未紅の

声。いちばん言ってはいけない人に言ってしまったと思い、彼女らとたたかうことはやめようと思った。でもせっかく由美たちなりに反応してくれたのだからと考え直した。

「あんたたち、いやということは、いやと言えるんだ。では手が汚れても平気なおばさんが拭いてあげます」と言った。一瞬沈黙のあと、「やってろ」と由美が言い、どこかへ行ってしまった。

彼女たちはよく廊下や階段に座り込み、悪口大会を開いていた。私が近づくと、私の悪口が始まる。

「なんで子どもの世界に首つっ込むんだよ」「そうそう、うちらの気持ちなんてわかってないのにさ」「まったく。超ウザ」。アハハハと手をたたきながら笑いこけている。とても元気だ。

打ちのめされて、学年の先生たちに話すと、「そうそう、まったく……」とぐち話で盛り上がる。わかってもらえる心地よさ。

なあんだ、あの子たちと同じことをやってると気づいた。

女子グループの悪口大会は、やり場のない不満のはけ口のようにも思えてきた。

第Ⅱ部　女子グループが抱える問題

55　歌いたい歌

私は、一人でもよいから子どもとつながろうと、おしゃべりノートを始めた。「何かあってもなくても、何でもいいから書いてね」と手紙を書き、桜の木の下でグループごとに撮った写真も添えて、ノートを一冊ずつ手渡した。

ほとんど反応はないかと思っていたが、私に反抗しているあの六人の女子グループは、全員ノートを提出してきたことに驚いた。ノートの中の彼女らは、きちんとした字で自分の思いを伝えようとしていた。何色ものカラーペンで、かわいいイラストもたくさん描いてある。

由美が「ＮＥＷＳが好き」と書いてきたので、「ＮＥＷＳって何？」と由美のノートに書いた。すると、「先生なのにそんなことも知らないの」とＣＤが届いた。

月美が「今日は関ジャニの人がドラマに出るから、テレビ見てね」と書いてあったので、見た感想をノートに書いた。

しかし、ノートでどんなに盛り上がっても、授業中はいつもの由美たちに戻り、無視・拒否の関係は変わらなかった。

由美が、学校で決められた「今月の歌」だけではなく、アニメやアイドルの歌も歌いたいと、おしゃべりノートに書いてきた。少し悩んだ。ますます由美たちの勢力が強くなりかねないからだ。しかし、はじめてやりたいことを提案してきた気持ちは大切にしたいと思った。

話し合いの結果、どんな歌がよいかのアンケートをとるということを条件に、歌係は認められた。次に歌係になりたい人を立候補で募ると、予想通り、由美たち六人が手をあげ、承認された。

由美たちは早速アンケートをとり、多い順に選曲をし、CDを用意をした。朝の歌は「ありがとう」に決まり、月美が指揮をした。しかし、月美の唇はあまり動かず、声も聞こえないので、暗い歌の時間になった。

しかし、ある時、月美の後ろにいた由美が「声が小さい！」と一喝すると、みんなびくっとしながらも突然大声で歌い始めた。ちょっと顔がひきつっているが歌らしくなった。由美たちは手話を教えたりしながら、毎朝みんなの前に立った。

56　授業参観大作戦

由美たちのグループが掃除当番をしないので、その分、とても忙しい。山ちゃんと二人でトイレ掃除をしていると、便器を拭きながら、「オレ、夢があるんだ」と言う。山ちゃんは、困ったことがあると、いつもそばにきて何かと助けてくれる子どもだ。

誰にも言わない約束をすると、「一度だけ授業参観の時、かあちゃんの前で正しい答えを言って、どかっと椅子にすわりたい」と言った。ほっぺがぽっと赤くなった。「大丈夫。今みんな、ほとんど手をあげないから、山ちゃん、山ちゃんって、いっぱいさしてあげるよ」と私は言った。山ちゃんはトイレがつまれば、「スッポン、スッポン、ウンのつき」とかけ声をかけながらがんばって、見事開通させてくれる。その山ちゃんへのせめてもの恩返しだ。

二人でニコニコしていると、「山ちゃんだけずるいよ」と何人かが集まってきた。みんなお母さんの前ではいい格好をしたいと言う。みんなでワイワイ言いながら、「グーチョキパー作戦」を立てた。「パーはパーっと答えがわかった人。チョキはチョキッと自信がない人。グーはぐーの音も出ない人」とサインを決めた。

パーを出している人だけ指名するので、子どもたちは安心して手をあげられる。私がパーの手があがるように、たくさんの質問をすればよいのだ。中学受験組の太喜夫が「授業参観の教科はファジーな国語がいいと思うよ」とアドバイスしてくれた。それから、お母さんたちにこの作戦がばれては元も子もないので、絶対内緒にするよう指きりげんまんをした。

その私たちをチラ見しながら様子を見ている由美たちに作戦を伝え、「参加は自由だよ。でも、よかったら参加してね」と言った。

当日、どんな質問をしてもほとんど手があがる。由美はお父さんが参観にきたので、しぶしぶ手をあげた。指名すると、とてもよい答えだった。由美のお父さんはにこにこ笑っていた。

全員発言達成。懇談会で山ちゃんのお母さんが「六年間ではじめて子どもが手をあげるのを見て、ぐっときました。作戦がうまくいってよかったです」と言うと、お母さん方はみんなうなずいていた。誰かが家で話してしまい、作戦はバレていたらしい。お母さんたちは知っていても知らないふりをして、応援してくれていたのだ。

57 意見言ったら拍手して

由美たちからの無視にあい、やりにくい毎日。少しでも楽しくなるよう「パーティークラブ」「宿題クラブ」など、学級に子どもたちのやりたいクラブを立ち上げた。

ある日、帰りの会の「一言コーナー」で山ちゃんが、「追っかけクラブの人に言います。いくらクラブでも、翼がかっこいいからってきゃーきゃー四組まで追いかけたりするのはヘンです」と一気に言った。教室は静まり返った。「追っかけクラブ」とは、由美たち六人が作っている、好きな男の子を追っかけるというクラブである。

由美は山ちゃんをきっと睨みつけ、「クラブって何してもいいじゃないですか。違うクラスの男子なんだから、いいじゃん」と言った。由美が目で合図をすると、麻子が手をあげ、「追いかけるのが楽しくてやってるんです。あっ、山ちゃん、自分がもてないからってひがんでる。かわいそう」と言うと、由美や月美たちはニヤニヤしながら手をたたいていた。

山ちゃんはめげずに「自分たちだけ楽しかったら何やってもいいんですか」と言った。由美がものすごい目で山ちゃんを睨みつけて

いる。その時、パチパチと拍手が……、草太だ。

草太は発言を始めた。「僕は翼の友達だけど、四組まで追いかけられて、とっても嫌だと言ってます」。今度は拍手がもっと大きくなり、「そうだ！」と言う声も。何人かが意見を言うと、由美たちのトーンも落ちてきた。

そこで、私は由美たちへの批判だけで終わらせたくないと思い、「どんな追っかけクラブならいいですか」と問いかけてみた。するとと、①小学生は追いかけない。②廊下や教室までは追いかけない、という二つの条件を守れば、追っかけクラブは続けてもよいことになった。

その日の放課後、山ちゃんが見せてくれた紙には、「意見を言ったら手をたたいてね」と書いてあり、応援するという子どもたちの名前が大勢連ねられている。山ちゃんはこう言った。

「この前、先生が『一人で意見を言うのがつらい時には、うなづいてくれるだけでもいいから応援してねって、お願いするといいよ』って話してくれたのがヒントだよ」

58　雨にも負けず仮装大会

ある日、由美たちが「先生はひいきしている。平等でない」と言いに来た。ちょっとへこみそうになったが、これは逆にチャンスだと思い、「みんなで平等に一つずつ好きな行事の実行委員になろう」と提案してみた

四月は「桜ちらちらドロケイ大会」、五月は「こいのぼり連だこ大会」をやった。連だこの作り方は、倫也のお父さんが教えてくれて、四〇個の鯉のぼりっぽい連だこが五月の空に舞った。

六月の行事は「雨にも負けず仮装大会」だった。

実行委員のメンバーはのんびりやの多佳子、月曜日は欠席するか、給食のころに登校するマリ、一人でポツンとしていることが多いすみれと月美の四人だった。日常的に何も接点がない四人が、どのように動くのかとても心配だった。しかし、仮装大会というアイデアがよかったのか、次の日から、いらなくなった洋服を改造して恐竜、ゆるキャラなどをグループごとに作っていった。

楽しい雰囲気の中、準備ができた。きっと大会もうまくいくと思っていた。しかし、当日の朝、教室に行くと、由美が「こんな

かっこうしたまま体育館に行くのはいやだ」と言い、「そうだ」という声も多かった。立ち尽くす月美たち。

　すると太一が「仮装がみつからないように、変装していけばいいじゃん」と発言した。そこで、魔女の格好の上に洋服を重ねて着たり、マスクと帽子で顔をかくしたりして、なお怪しい感じになりながらも子どもたちは、「ドキドキするね」と言いながら授業中の廊下を移動した。

　しかし、いざ会が始まると、司会のマリとすみれの声が小さくて聞こえない。緊張が伝わってくる。三輪車リレーもファッションショーも、歓声も拍手もなく、盛り上がらなかった。六月の雨が体育館の屋根にあたる音だけがやけに大きく響いていた。

　ところが、次の日に書いた感想用紙には、「衣装を作るだけでめちゃ楽しかった」「変装して体育館に行く時、最高」など楽しかったという声が多く書かれていた。

　感想を読むと、月美たち四人はちょっと照れながらも、ハイタッチ。気がつけばマリの欠席が少しずつ少なくなってきた。

59 「わからない」の大切さ

授業参観で全員が発言した時、山ちゃんが手をたたいて喜んでいた。由美たちもそれをけなさなかった。

実はこのクラスの子どもたちも、本当は発言をしたいのではと感じ、「この五年間の中で発言したくないと思ったのはどんな時？」というアンケートをとった。

■二年の時、答えを間違えたら、先生にまで笑われた。

■五年生まで、できる人しかさしてもらえなかった。

■三年の時、何と答えてよいかわからないのに「何でもいいから言いなさい」と言われてすわらせてもらえなかった。

■わからないので質問したら「私の教え方が悪いの？」と去年、ずっと言われていやだった。

彼らの五年間の傷つきの深さを思えば、手をあげて恥をかくより、黙っている方が安全という気持ちも無理ないと思えた。

そこで「授業とは何か」という授業をすることにした。憲法の例をあげ、みんなはわかるまで学習する権利があり、それをサポートするのが教師の仕事であることを話した。

　また、わからないのはぎゅうぎゅうづめのカリキュラムにも原因があるのでは、と話した。そして、どこがわからないかを突き止め、それを解決する努力をすればかなりわかるはずだと続けた。

　みんなには学ぶ権利が保障されている。わからないことを伝えてほしい。「わかる・できる」ように、私も最大限努力をすると話すと、みんな私の方を向いて聞いていた。

　分数の割り算の文章題を一問、黒板に書き、プリントを配った。①問題に読めない字がある。②何算を使ったらよいかわからない。③九九を忘れた。④分数の割り算を忘れたなど、どこからわからないのかを一人ひとりがチェックし、わからない番号ごとに集まり、「わからない」部分を学習していった。

　一つ理解できると、表の次の項目の学習へとステップアップしていく。すると、三時間目には、何とか全員が答えを出すことができた。「やったね」と草太と山ちゃんが握手していた。「わからない」と言うことが大切なことだと体験できた。

「わからないっていいことだ」と山ちゃんがしみじみ言った。

60　生クリームが原因

月美が泣いている。「もう学校には来たくない」と言い、「訳は絶対言わない。聞くな。近寄るな」と屋上への階段のところで椅子や箱などを投げている。

五年の時、月美は表向きはクラスのリーダーであったが、実は陰のリーダーは由美で、由美は担任拒否を組織するなどの影響力を持ち、密接な友達関係といじめを繰り返し、月美たちを支配していた。しかし、ほとんど表には出ず、証拠も残さず、自分に刃向かう者には手下の子を使って陰湿ないじめをし、指導しても「疑われた」と逆切れするとも聞いていた。しかし六年になって、その由美をも操っているのは、隣りのクラスの舞子であることがわかってきた。

ある日の休み時間、私は舞子に呼び出され、由美たちのことについて、余計なことをすればどんなことが起こるか「お・た・の・し・み」と言い残して、舞子は去って行った。由美も舞子の配下であることがわかった。

一人でたたかってはだめだと思った私は、まず学年の先生方に相談した。由美たちの指導を舞子の動きの前にしなければということ

になり、まずはじっくり話し合いをする場を設けることにした。
場所はソファーもある応接間。職員室の隣の小部屋なので、何かの時に助けを求められる。意外にも六人のメンバーはすぐ話し合いに参加した。
由美「人の方見て、悪口言うのやめてくれる」
未紅「そうだよ。自分が悪いのに」
月美「あたしのどこが悪いっていうの」
由美「めそめそするのやめろ。こっちがいじめてるみたいで、他のクラスの人にも噂されてこっちが迷惑」
月美「好きでめそめそしている訳じゃない。話しかけても無視するし、そばに行っても逃げちゃうし。なんでそんなことするの」
由美「よく言うよ。そっちが悪いんじゃん。料理クラブの時、勝手に生クリーム持ってきて、ほとんど使わなくて持って帰ったのに、後からお金払えって困るよ。みんなの集金が高くなって」
月美は黙って下を向いていた。生クリームが原因だったのだ。無視や陰口もこういう小さなことから起こることがわかった。

61 レディース7《セブン》

女子グループとの話し合いの後、月美はお母さんに事実を話し、お母さんも理解してくれ、生クリームのお金は集金しないことになった。由美たちも、もっと豪華なケーキにしたかったという月美の気持ちは理解できたと言った。

いやだと思うことを、自分がどう思われるか気にして、相手に直接は言えない。しかし、不満はたまり、友達に話す。うわさ話や悪口は事実とは違っていても、あっという間に広がっていくという悪循環がずっと繰り返されてきたように感じた。

何日かすると、女子グループの一人未紅が月美と一緒にやってきた。今度は未紅がシカトに遭っているということだった。このままだと本当のボスの舞子に知られて、こわいと言うのだ。

まず未紅を舞子から守ることをしなければと思った。未紅は、「この前の会、開いてほしい」と言った。月美もうなずいている。二人で相談したらしい。また、応接室での話し合いを持った。

女子グループには常にトラブルが起き、幸せな関係ではないことがわかってきた。そのトラブルと向き合うことができず、解決する

手だてがわからないでいることが、お互いに幸せな関係を築けない原因の一つではないかとも感じた。

私は、事実は向き合って思いを語り合うという問題解決の方法もあることを彼女たちに知ってほしいと思った。

そこで、「レディース7っていう会を作ってみない」と提案すると、六人の子どもたちは賛同し、私もメンバーに入れてもらって、会は結成され、決まりも話し合って決めた。

◆陰口や無視をする前に話し合う。

◆他のクラスの人には解決するまでは話さない。まず、クラスのことはクラスで話し合う。

約束として、教室に置いてあるトトロが後ろ向きになっていたら、何か話し合いたいことがあるという合図で、応接室か体育館の裏に集まることにした。

〝デカトトロ〟は何回も後ろ向きになり、レディース7の会は何度も開かれた。そこで何度も彼女たちは言い合いをし、涙を流しながらも、終わると、なぜかすっきりした顔をして帰って行った。

62　怒鳴り続けて一時間

「いったいどんな指導してるんだ。お宅の給料は税金で払ってるんだ。あんたのせいで、カンナは学校へ行かないと言ってるんだ。いじめだ」と、カンナのお父さんからの電話があった。カンナは由美のグループに入っている子どもで、いじめられているなど思ってもみなかった。

「すみません。カンナさんからそのようなことは聞いていないので」と言う私の言葉は、お父さんをさらに怒らせてしまった。

「てめえのような教師がいるから自殺する子どもが出るんだ。逃げるんじゃやねぇ。今から学校へ行くから校長と待ってろ。ぶっ殺してやる」と怒鳴った。

覚悟を決め、「わかりました。お待ちしています」と言うと、電話口でお母さんと言い合う声がし、お父さんは少しトーンダウンした。「私の方からお伺いしましょうか」と言うと、「それは困る。学校に行くのも目立つから……」と、学区外のファミレスで会うことになった。

保護者とは複数で会うことになっているので、相談に行くと、校

長も教頭も別件の保護者との話し合いがあり、対応できないと言う。教頭先生は、「何かあったらトイレに立つ振りをして、電話をすること」と言ってくれたが、一人で会うのは心細かった。

案の定、お父さんは一時間以上、怒鳴り続けていた。ファミレスのお客さんもじろじろ見ていた。何か言うチャンスを待つが、コーヒーを三杯お代わりしても、怒りは一向におさまらなかった。

お父さんが水を飲んだすきに、「ところでお仕事大変じゃないですか。みんな現場に押し付けて」と言ってみた。

すると「いや先生、そうなんです。ノルマを上から押し付けてきて」と職場のつらさを切々と話し始めた。そして、「珍しく早く家に帰ったら、カンナが泣いていて、訳を聞いても話さない。いじめられたのかと聞くとうなずいたので、つい電話をしてしまって」と言う。しかしカンナと私がそのことについて学校で話すとうわさになる、とお父さんは心配していた。そこで、「気がつかなかったことは本当に申し訳ありません。ではカンナさんには明日の土曜日、私の家にきていただくというのはどうでしょうか」と切り出した。

63　気持ち、最後まで言えた

駅の改札口で待っていると、カンナが緊張した顔でやってきた。「これ、お母さんが朝焼いてくれた」とクッキーの袋を差し出した。まだ温かかった。

私の家に着くと、しばらくの間、猫のハナを抱っこして遊んでいたが、「うざいし、訳わかんないし、あんまり口ききたくないんだ、お父さんと。昨日も先生に電話をするの、お母さんと私で止めたんだ」と話し始めた。

「ありがとう。確かにびっくりした。でもお父さんがんばっているよ。カンナのことものすごく大切に、大事に思っていることも感じたよ」と答えた。カレーを食べ、アニメの話などをした後、カンナは、由美とのトラブルを話し始めた。

そのころカンナは、ソーラン節の実行委員のリーダーや学級委員に選ばれたり、クラスで活躍するようになっていた。

七月も、学級行事「暑さを忘れて流しそうめん」の実行委員だった。うまくそうめんが流れず困っていると、たらいの中でぐるぐる回す「まわしそうめん」を考えたのがカンナだった。

ひなや結衣など、由美たちのグループと違う友達もできた。それぞれの家にも遊びに行くようになり、ビーズクラブも作って楽しそうだった。それが由美の怒りをかい、無視や陰口をされたということがわかった。

由美はどうしてカンナに意地悪をするのだろうと考えてみた。すると、自分の心の中に、由美と離れたい気持ちも少しあって、自分も由美を無視していたことに気づいた。明日自分の気持ちを言って、悪いところはあやまりたいと、カンナが言った。

次の日、レディース7の会を開いた。カンナは「由美のことは友達だと思っている。今でも一番気持ちとかわかってくれていると思う。でも、これからも実行委員やクラブで他の人とも一緒に仕事したり、話したりしたいと思う」と声は小さかったが最後まで言えた。

その後「走れメロス」の劇の取り組みでは、由美は音楽を担当、カンナは演出をと、それぞれ違うグループに入り、がんばった。近所のお年寄りに劇の入場券を配りに行く時には同じ地区のグループに入り、一緒にチラシを持って、笑顔で学校を飛び出して行った。

64　真夜中の洗濯

「今、洗濯機回しながらビールを飲んでます。夜中の一時。こんな時間に洗濯するのは迷惑だと思いますが、会社の帰りに病院に寄り、食事の支度なんかしていると、こんな時間になってしまいます。実は女房は入院中で、家のことがこんなに大変だったとは思わず、苦戦しています。二週間なんとかがんばりましたが、少し疲れてきました。洗濯機がとまったので、今日はこのへんで。ひなの父」

保護者の方に交替で書いてもらっている「おしゃべりノート」にこう書いてあった。びっくりしてお父さんに電話をした。

「実は子どもにはまだ言ってないんですが、女房ががんなんです。忙しくって検診を受けてなくて。もう末期なんです」と言う言葉に耳を疑った。

三週間ほど前に、「ちょっと入院します。お父さんは何にもやったことがない人だから、きっと忘れ物とか多くなると思います」と明るく笑っていたお母さんが、末期のがんだなんて。

病院にお見舞いに行くと、「お父さんたら、ひなのパンツと間違えて持ってきちゃって」と大笑いするお母さん。きっと病気は何か

の間違いだと信じたかった。

「おしゃべりノート」の次の番の瞳のお母さんから電話があった。「お父さんのノートを読みました。うちは夫が単身赴任で、ひなちゃんのお母さんにはいつも助けてもらってました。瞳のけがの時には車で学校までずっと送り迎えをしてもらいました。困った時はお互い様って。今度は私の番です」と。

ひなのお父さんが快諾してくれたので、早速、学級委員さんの声かけで、夕食ネットワークが作られた。また、ひなは学校から友達の家に「ただいま」と帰り、おやつを食べたり宿題をしたりして過ごすようになった。遠足の時には弁当が三つも届き、びっくり。学年音楽会のビデオも病室に届けられ、ひなのお母さんも「早く元気になって恩返ししないと」と涙をぬぐいながら見ていた。

しかし、その願いは届かず、半年後にひなのお母さんは亡くなってしまった。通夜の夜は雪。

「お母さんは白が好きだった」と言うひなのことばに、みんな泣いた。

第Ⅲ部

発達に困難を抱えた子どもたち

65 かまれて逃げられた

四月五日、始業式。

「やだぁー離せ、おばけ～」という虎次郎の叫び声がする。見ると、逃げようとする虎次郎を体重六〇キロ以上の仁と大丸が必死につかまえている。虎次郎は、私がその日から担任する四年二組三八人の一人だ。自閉症傾向を持つ子どもと診断されている。しかし当時の私には、自閉症について何の知識もなかった。

私が虎次郎の手を握ったとたん、「オニだ。離せー。悪魔の襲来」と、歯形が残るほど噛まれ、ひるんでいる間に逃げられた。必死に追いかけるが速くて追いつかない。それを見て、足が速い嵐が追いつき、仁と大丸が逃げないように、手をつかまえていてくれた。

「今日から虎次郎さんの担任の篠崎です」と、超やさしく言ったが、「このうらみ、きっとはらすぞ」とつばを吐かれた。

虎次郎は入学してからずっとトラブルを起こし続けていた。突然何かを叫びながら友達を殴ってけがをさせたり、ベランダから椅子を投げたり、学校を飛び出し、信号を無視して車にひかれそうになったり。よその家に勝手に入り込み、冷蔵庫の中のものを食べて

しまったこともあり、よく学校に苦情が舞い込んでいた。

　この一年間やっていけるのだろうかと途方に暮れているうちに、もう始業式も終わり、各クラスごと、校庭に集まることになった。四年二組も自分たちで丸くなってけやきの木の下に集まっていた。

　思いきって虎次郎を「さようなら」の号令係にすると、虎次郎は別人のような大きな声で言えた。「すごいね」と大げさにほめるが、虎次郎の表情はなぜかうつろだった。

　下校時、子どもたちと虎次郎を家まで送っていった。

　途中、虎次郎は道路に寝ころんで、てこでも動かない。困っていると、保育園から一緒の紅子と夢が、「先生、いいこと教えてあげる。そんな時は、いっちゃうよ、いっちゃうよって言うと、絶対ついてくるよ」とにこにこ顔で教えてくれた。

　やってみると、その通り。虎次郎は何事もなかったかのように起き上がり、歩き始めた。一人では登下校できない虎次郎と子どもたちの物語がそこにあった。

66 ジャガイモの兄ちゃん

虎次郎は何回も教室を逃げ出す。そのたびに教室をあけなくてはならず、授業が中断する。子どもたちは落ち着かなくなり、困り果てていた。

理科でジャガイモを植える授業に入った。この時だけは、虎次郎にどこかに行ってもらっては困るので、鬼の形相で虎次郎の手をしっかりと握り、学級園へ行った。しかし、畑を耕しているうちに、虎次郎はすっとどこかに行ってしまった。

やっと捜し出すと、侵入禁止になっている中庭で穴を掘っていた。朝、焼却炉（現在は環境の問題等で廃止）に触っていたので、やけどをするから駄目だと注意した。もしかしたら自分の焼却炉を掘りたいのではと、私も一緒に穴を掘り始めた。

穴を掘るのは思ったより楽しくて、夢中になった。目が合うと、虎次郎がはじめて笑ってくれた。ふと気がつくと、じっと様子を見ていたらしい仁も笑っていた。「畑に行こう」と仁が言うと、虎次郎は一緒に歩き出した。仁はかっとなると、机など蹴る子どもだ。

「虎次郎、さっきみたいに穴を掘れ。穴にジャガイモ埋めたら、

うめぇジャガイモができるぞ」と仁が言うと、虎次郎は穴を掘り、種イモを入れ、土をかぶせた。それから仁と虎次郎は連れだって、ジャガイモに水をやりに行くようになった。

一週間後の給食でジャガイモが出た。仁は、「これは虎次郎がこの前植えたジャガイモの兄ちゃんだ。虎次郎に食べてもらいたいって、一生懸命大きくなったんだって。食べてあげる？」

虎次郎は「これ、僕のジャガイモの兄ちゃんですか」と言いながら、ジャガイモを箸にさしてぐるぐる回しながら見ていた。

虎次郎はチョコレートを主食のようにして育ち、冷蔵庫にはチョコが山のように入っている。給食の時は床にじかにパンを置き、寝そべってパンの皮だけ食べていた。

その虎次郎が、ジャガイモをパクッと食べた。一三切れも食べた。今まで無理やり食べさせようとして口を開けさせたこともあったが、少し食べただけで胃液まで吐いていたのが嘘のようだった。「生きてるね。あったかいね」と言いながら食べている。

ケンが「奇跡が起きた」と、私にこっそり言いにきた。

67　私も床に寝てみた

虎次郎に給食当番をやらせようとすると、蹴ったり、つばを吐いたりするので、あきらめていた。また、一部の骨がレントゲンで映らないと聞いていたため、か細い腕で食器など持てるかどうかも心配だった。

　しかし、虎次郎の班の紅子と仁は「虎次郎給食当番キャンペーン」を始め、作戦会議を開いた。感覚過敏のためか、帽子や給食着をいやがる虎次郎がどうやったら楽しみながら着るかを試していた。

　帽子は「お～ば～け～」と言いながら、顔にお面のようにつけるのが気に入った。白衣は「先生、手術です」と言うと、「うん」と言って着た。万一落としても大丈夫な牛乳係にして、出発した。

　だが、牛乳缶を持った途端、「地球最後の日だ。もう爆発寸前だ」と叫び始めた。「爆発するー」と虎次郎が言うと、「だいじょうぶだー」とみんなが答える。そのくり返しで何とか教室へたどり着いた。ふうーっ！

　うちわを見て、「のこった」と言ったので、相撲をしてみた。意外とのってくる。仁と大丸も一緒に遊ぶと、虎次郎がはじめて笑っ

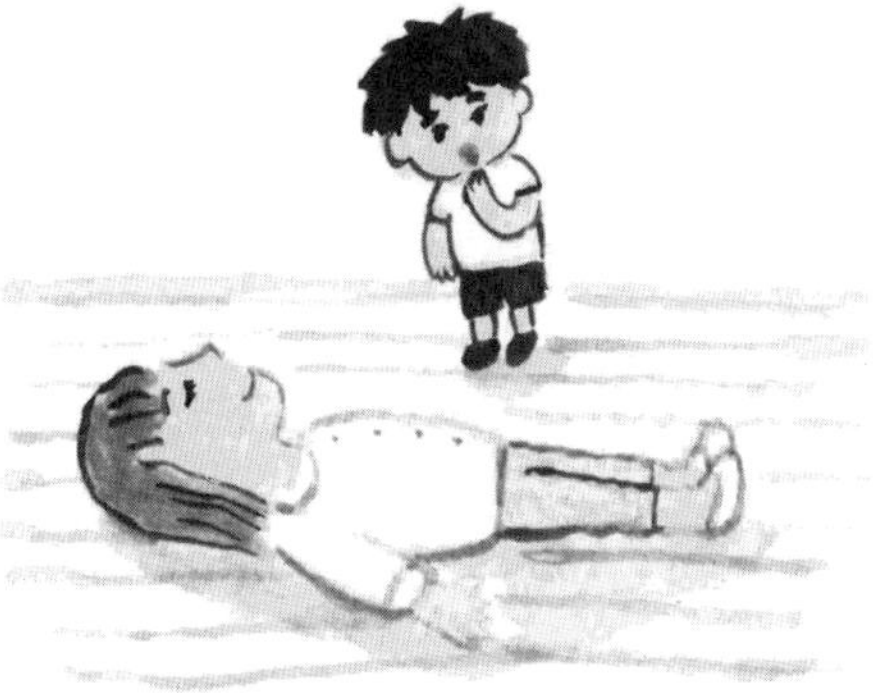

た。

チャイムが鳴っても「まだ一回」と言うので、じゃんけんをして勝ったらおんぶするゲームに切り替えた。実は虎次郎はパーしか出さないので、わざと私が負けて、おんぶして教室まできた。虎次郎の体はふわっと軽く、なんだか切なくなった。

虎次郎は教室にいる時も、床に寝転ぶことが多く、何度もすわらせようとするが、がんとして動かない。虎次郎の目はつり上がり、「くそババア」と叫び続け、ほとほと疲れ切った。

ところがふと、虎次郎が床に寝ている顔を見ると、とても幸せそうだった。私も床に寝てみた。すると、そこは別世界だった。冷たくて気持ちよくて、静かで、海の底にいるような気持ちがした。子守歌を歌ってとんとんしていると、虎次郎は眠ってしまった。

休み時間に虎次郎が床に寝ると、私も寝るということを繰り返した。しかし数日後、虎次郎は私が寝ると、「先生、へんですよ」と言い、不思議そうに私を見ていた。しばらくして、虎次郎はなぜか床に寝なくなった。

68　がまんしてたけど言う

授業をしていると、虎次郎は忍者のように教室を抜け出してしまう。あわてて自習にして、学校中を探しまわるが、どこにも見つからないので、家に電話する。その繰り返しで、私はひどくまいっていた。うなされてとび起きることもあった。

ある日、机と椅子を廊下に出しながら思わず「みんなと一緒にできないのなら、どこでも好きなところに行ってしまいなさい」と、虎次郎に言い放った。虎次郎は、しばらく大泣きしていたが、職員室へ行き、「篠崎先生にいじめられました。ひどいです」と校長先生や他の先生に訴えていた。えーっ、私の方が虎次郎に蹴られたり、噛まれたりしているのにと、なおいらいらしてきた。

体育の後、体育係の班長の羽賀が「がまんしてたけど言います。虎次郎はいつも並ばなくてブラブラしているから許せません」と発言した。曲がったことが嫌いなキリコも支持する発言をした。拍手が起きた。

虎次郎の班の班長の嵐が「班会議の時間をください」と言ったので、その時間をとることにした。嵐は虎次郎のことでいちばん困っ

ている班長だ。私と何回も班会議をしている。ここは、抱え込むのではなく、クラスみんなで一緒に考えてほしいと問題提起してくれたらと、私は思っていた。虎次郎との関係がうまくいかず苦しいのは、体育係も虎次郎の班も一緒だと思っていたからだ。

嵐は「体育係の意見はわかるけど、体育係のはやちゃんがぶったりするから虎次郎は逃げる」と発言した。はやちゃんは声も体も大きく、負けていても自分を勝ちにしてしまう子どもだ。

自分の名前が出てきたので、はやちゃんはあわてて、「だってよ、虎次郎は言うことききかない。なんでいつも我慢しなきゃいけないんだ」と怒り顔で言った。拍手も起きた。嵐は「俺だってパンチされたりして大変だ。どうしたら虎次郎が体育やるか考えてほしい」と言った。

すると「ごめんなさい。今度から体育やります」と小さな声が……。虎次郎の声だ。みんなの話し合いの様子を廊下の下窓からのぞいていたのだ。

虎次郎は次の体育から参加するようになった。何かが起きている。

69 まねっこ隊ノリノリ

虎次郎のいる班の班長・嵐の呼びかけで、虎次郎へのプロジェクトをみんなで考え、楽しんでやる作戦をお試しでやることにした。その一つが「虎次郎まねっこ作戦」だ。授業の課題をやってからまねをするという条件で、「まねっこ隊」をやりたい子どもたちが立候補し、それぞれの分担を決めていった。

朝自習は読書タイム。それぞれ好きな本を読む時間だ。

虎次郎は足をバタバタしながら寝ころんでいた。「まねっこ隊」のガクが、虎次郎の横に寝ころんで、虎次郎が足を速く動かすと、ガクも速く動かし、ゆっくりだとゆっくり、虎次郎が風で動くカーテンに潜るとガクももぐる。雲を見ていると、そっと横に行って雲を見ていた。

一時間目は国語。虎次郎は国語の時間、席についている時は、漢和辞典か新聞の漢字に丸をつけている。家に帰ると、テレビで中国語講座を見ていると嵐が言っていたが、漢字にはとても興味があるらしい。

この時間の「まねっこ隊」は八重子だ。漢字ドリルを早く終えて

漢和辞典を見るが、とても虎次郎のようにじっと読み続けることはできず、「無理。虎次郎みたいにできない」とギブアップ。

二時間目は算数でテスト。「まねっこ隊」の貴一は、いつも取りかかるまで時間がかかるのだが、ものすごい集中力でやり終え、テストの見直しもきっちりやった。その時、虎次郎は床にスライディングをやっていた。貴一は、虎次郎と一緒に床を滑りまくっていた。

そのあとも給食の時、掃除の時と「まねっこ隊」は大ノリで、虎次郎のまねっこをやっていた。

次の日もこの作戦は続けられた。昼休みの「まねっこ隊」は嵐だ。ラッコやくねくねへび、忍者のまねや戦いごっこなど、次々と動きを変えていく。

ところが次に、虎次郎が私のスカートをほんのちょっとだけめくった。そして、動くのをやめ、嵐の方を見ている。さすがに嵐も「それはいくらなんでもできない」と言うと、虎次郎は「この人、変ですね。僕のかげですか」と言って、にんまり笑った。

70 真夏の雪騒動

　虎次郎が教室を抜け出すのが少なくなってきたと安心していると、トラブルがまた起きた。給食室でいたずらをしていると呼び出しがあり、あわてて行くと、給食室の入り口は真っ白だった。

　栄養士の園子先生が、「見てください。小麦粉の大袋を三つも破り、こんなにばらまいて……」と指さす方を見ると、虎次郎がすわり込んでいた。教頭先生も来て、虎次郎にお説教。いつもは優しい園子先生もガンガン怒鳴っている。どんなに叱っても、虎次郎はあやまらない。

　虎次郎が立ち上がり、「小麦粉、ぼくはやってません」と言った。教頭先生が、「何言ってるんだ。頭も顔も体も小麦粉だらけじゃないか」と大声で怒鳴った。虎次郎は頭の小麦粉を手にとり、「今日、雪がふりましたよ」と、にぃーっと笑いながら言った。

「えっ、真夏に雪は降らないだろう」と言うと、またにぃーっと笑ったが、その顔が真っ白なのと、しゃべるたび白い粉が出るので、思わず笑ってしまった。

　園子先生に「雪かきをしてください」と言われると、虎次郎は掃

除を始めた。教頭先生も手伝ってくれて、真夏の雪騒動（？）は一件落着かと、誰もが思ったのだが……。

その後すぐ、虎次郎は、怒鳴った教頭先生に仕返しをしようと、職員室に忍び込んだ。はたきを持って、教頭先生の背後へ忍者のようにすり足で進んでいった。あまりの速さに声も出ない。虎次郎がはたきを振りおろそうとした時、教頭先生はくるりと振り返り、はたきを見事によけた。虎次郎に、「仕返しか？」と教頭先生が問い詰めると、虎次郎は涼しい顔で「ハエがいましたよ」と言った。虎次郎がなんだかとても可愛く思えた。

学級園では、ジャガイモが見事に育っていた。桃子が、「虎次郎と仁が毎日、水をやっていたからだよね」と言うと、虎次郎がにこっと笑った。クラスで開いたカレーパーティーは、虎次郎が食べられるようになった野菜も入れて盛り上がった。その後、「パーティー、します」と、虎次郎は生まれてはじめて友達を呼んで、誕生日パーティーをした。

第Ⅲ部　発達に困難を抱えた子どもたち

71　おんぶひものおかげ

「先生、あぶないからおんぶひもを持って行った方がいいよ。弟のがあるから持ってきてあげる」と真剣な目で、夢が言いにきた。

地域の浄水場に見学に行くが、手すりがなく、深くあぶない所があると説明した時だ。下見に行った時、私も虎次郎がもし、突発的に飛び出したりしたらどうしようと、とても不安だった。

夢が「あのね。今まで黙っていたけど、弟ね、虎次郎さんと同じなんだ。家でも暴れて大変」と彼女は言った。夢の弟は五歳。発達障がいと診断を受けて、支援を受けていると話してくれた。

去年までは、虎次郎は行事などは参加しないことが多かった。それだけに、事故があったらどうしようと、とても迷っていた。しかし、おんぶひもを持っていけば、虎次郎も参加できると思った夢の気持ちに頬をたたかれたような気持ちがした。みんなが参加できるように、体制を整えることが私の仕事だと決意した。

虎次郎のために、校長先生が付き添いの有償ボランティアを市に頼んでくれた。体育大学出身のマッチョな青年が来てくれることになった。

仁、嵐、夢が立候補して、虎次郎のグループになった。私は夢から借りたおんぶひもをナップサックにしっかりと入れて、バスに乗り込んだ。

　浄水場では、私とボランティアの青年が虎次郎たちのグループをはさみ、付き添いの養護の先生もクラスについてくれた。浄水場の一番深い貯水層の見学だ。仁と嵐が虎次郎に、「落ちたら地獄。命綱はセンセの手」と繰り返し言っていた。

　いよいよ深い貯水層見学。虎次郎は右手で私の手を、左手で仁の手を握った。そしてゆっくりゆっくり進んだ。緊張して、時どき私の顔を見る。がんばれ虎次郎！

　無事見学が終わり、虎次郎もみんなの輪の中に入り、お弁当を食べていた。そして、大切なチョコを「お返しです」と仁たちに配っていた。

　下校の時、おんぶひもを返すと、「使わなくてよかったね」と夢が言った。「でも、このひものおかげで、みんな一緒に行けた。みんなもいつもよりずっといい子だったしね」と言うと、夢が笑った。

72　だれがおんぶする？

運動会の練習が始まった。虎次郎にとっては、苦手なことばかり続く。逃げる時は猛スピードだが、決まったコースを走る八〇メートルはとても難しい課題だ。それにスタートのピストルの音がこわい。職員会議で、他にもこわがる子どもがいることがわかり、ピストルでのスタートはやめることになった。

「人生楽ありゃ苦もあるさ」という障がい物リレーでは、虎次郎は、おんぶ競争に出場することになった。とても軽いので、だいじょうぶだと思っていた。

ところが、嵐が背負うと虎次郎は、足をだらっとしたままで、なかなか前に進めなかった。足を持とうとすると、今度は背中を蹴る。「いててて」と嵐は悲鳴をあげてギブアップ。

次に、いつもやさしいひめこが「虎次郎、おんぶだよ」と言いながらしゃがむと、何とスムーズにおんぶできた。嵐は「えーっ」と言って、ちょっとがっかりしていた。

しかし、実際に校庭を走ると、小柄なひめこには、続けて走るのは難しかった。そこで、虎次郎の意見を聞こうということになり、

「おんぶお試しキャンペーン」が始まった。虎次郎はいろいろな人におぶってもらい、なんだかうれしそう。

その結果、「ひめこさんがいいですが、仁ですよ」と虎次郎が言い、仁が選ばれた。嵐はがっかりし、ロッカーにもぐってしまった。しかし、気持ちを切り替え、コーチに就任し、練習にずっとつきあっていた。

そして当日。虎次郎は「地球が爆発するー」と言いながら、八〇メートルを走った。手をぎゅっと握りしめ、走った。

おんぶリレーも「ピシッピシッ」と言いながら、仁におぶわれて走った。どうも嵐が「仁は馬だよ」と言ったらしく、虎次郎は騎手のつもりらしい。

運動会が終わり、教室に戻ると、虎次郎がいない。勝手に帰ってしまったと騒いでいると、椅子を抱えた虎次郎がふらふらしながら、戻ってきた。朝、「椅子ぐらい自分で運びなさい」と私が言ったことばを覚えていたのだ。拍手が起こった。嵐だ。みんなも手をたたきながら、虎次郎を囲んだ。

73　自分の役の劇をする

ご両親と一緒に、虎次郎の担当医と会うことになった。

お母さんが「仁さんと、いも、水やったとか、なわとび、くるっとまわったねとか、学校であったことを家で話してくれるようになりました」と、ほほ笑みながら言った。

「土曜参観ではじめて、虎次郎がみんなと一緒に手をあげているのを見て、うれしかったです」とお父さんが言うと、先生は笑顔でうなずいていた。

でも私は、毎日がいっぱいいっぱいで、前に一歩も進めない。虎次郎のことを思うと、正直、心が鉛のように重く固くなり苦しい。でもそんなことを言えず、面会時間は過ぎていった。

帰り際に思い切って、パニックを起こさない方法を聞くと、医師は「パニックを起こしてしまったら、もう方法はないので、起こさせない工夫をしてください」という答えだった。「そうですけど……」と、もう少し何か言いたい思いを飲み込んだまま帰ってきた。

気持ちが晴れないまま、「ゲーム大会やろう」という取り組みが始まった。学校での練習だけでは足りず、虎次郎の家に行き、班で

遊びながら練習をするようになった。虎次郎のお母さん手作りのおやつがとてもおいしいらしい。「虎次郎はいつもあんなおいしいもん食っててていいな」と仁が言うと、虎次郎がにーっと笑った。

そして、ゲーム大会当日。虎次郎たちの班の寸劇「おわりの言葉」が始まった。虎次郎はその劇に参加しないと思っていたが、「ぼくの役ですか。ぼくがやりますよ」と練習から参加していた。

その劇中のやりとりはこんな具合。

虎次郎「いやだ、いやだ。ゲームはいやだ。わかんない」

嵐「さすらいのギャンブラーはじゃんけんするだけ。虎次郎は得意なパーをずっと出せばＯＫ」

仁「相手がグー出したら、このお札は虎次郎のもんだ」

虎次郎「えっ、金持ちになれる」（と、しばらくじゃんけんをする）

虎次郎「ああー、まけて貧乏になった。だましたなぁ」

ひめこ「だいじょうぶ。お財布係の私が貸してあげるから」

みんなが笑いこけるのを見て、虎次郎がにーっと笑った。

私は、なぜかとても癒されていた。

74　はじめて意見を言った

三学期になった。班長会が「班で大なわとびを練習しよう」という原案を提出した。「■クラス替えがあるので、みんなでひとつ一緒にやりとげたい。■あまりみんなと遊んでいない人がいる」というのが提案の理由だ。

ひめこがこの原案を黒板に貼った時から、虎次郎は「大なわとびはいやだ。ブランコ」と叫んだ。虎次郎がクラスでやろうしていることに、こんなに早く反応することに驚いた。

二班の大竹は、みんなで遊ぶことも、なわとびも好きではない。そっと意見を聞いてみると、「いやだ」とひと言。

学級会は、虎次郎が「やだぁ、やめてください。にこにこアルプス（アスレチック）にしてくださ――い」と叫び続けている中、始まった。議長が意見を求めると、虎次郎が手をあげた。

「にこにこアルプスで遊びたい。大なわとびなんて大きらい。やだ」と生まれてはじめての意見を言った。反対している大竹たちは拍手をしていた。

森「大なわとびできなかったけど、練習したらできるようになっ

た。うれしかったよ」

大竹「ぼくは大なわとびきらいだし、一人で遊ぶのも楽しい」

嵐「虎次郎は音楽会の時にもいやだと言っていたけど、ツリーチャイムは気に入ったよ。やったらきっと気に入るよ」

虎次郎と同じ班の仁は「そんなに簡単なことじゃないよ。体育でやった時、虎次郎は逃げて、追いかけるだけで終わったんだよ」と怒った顔で言った。虎次郎は「にこにこアルプスで遊ぶとどうなるの？　ペンされる？　やめろ、地球最後の日だ」などと言い続けていた。

その後、なわとびが嫌いな人でも楽しく練習できるアイデアがいろいろ出された。それならと、大竹たちも賛成した。

放課後、公園を通りかかると、虎次郎たちがいた。虎次郎はウルトラマンのお面をかぶり、「スワッチ」とジャンプした。するると、仁と愛が持っていた縄をまわし、見事虎次郎は大なわとびが跳べた。何度かそれを繰り返すと、三回続けて跳ぶことができた。夕焼けが子どもたちを染めていた。

75　クラス最後の日の涙

テストの時間は、虎次郎は「作家先生」になる。

「先生、この原稿（テスト）を一〇時三〇分までにお願いします」と言うと、「うん、わかった」と言って、なにやら書き始める。原稿料は、図書室で好きな本を借りてきて読むことだ。また、このころ、大竹と虎次郎は親友のようになり、二人で「くっくっくっ」と笑っている姿を見るようになった。

大竹は恐竜のことは図鑑何冊分も覚えている。同じく恐竜好きの鉄也も加わり、「紙、ちょうだい」と言って、三人で何やら書いていた。「すごいよ。こまかいよ。上手だよ」とみすずが言ったので、私も見せてもらった。

そこには、虎次郎が描いたぐるぐる巻きの難しそうな迷路と、大竹が描いた恐竜があった。「これは、トリケラトプスと言い……」という説明は鉄也が書いたという。

これはすごいと思い、迷路はテスト用紙の裏にすぐ印刷して、みんなに配った。子どもたちの「もっと難しい迷路作ってね」という声に応えて、三人は何枚も恐竜迷路を作った。学期末の山のような

テスト、テストの毎日が三人のおかげでなんだか楽しくなっていった。

しかし、あと一週間で四年も終わりという頃になって、虎次郎は、「五年になれる？　なれないの？」と叫び、大泣きをするようになった。「だいじょうぶ。虎次郎もみんなも五年になれるよ」と言っても効き目がなく、大泣きを繰り返していた。やっぱり虎次郎にとって、この一年は意味がなかったのだろうか。

三月二五日、クラス最後の日。虎次郎はおこづかいで買った赤いバラを一輪、大切そうに持ってきた。体育館での終業式でも、トイレに行くにもバラを手放さなかった。

そして、いよいよ最後、みんなの前に立ち「みんなと先生に」と言いながら、深くおじぎをしながらバラを差し出した。

ひめこが「もうこのクラスも最後だね」と泣いていると、虎次郎は「ひめこさん、悲しいの。ぼくのハンカチで涙をふいて」と言って、そっとひめこの涙をふいた。春のやさしい風が吹いていた。

第Ⅲ部　発達に困難を抱えた子どもたち

76　お奉行様とお姫様

太陽は毎朝、赤いTシャツに、赤いフード付きのパーカーを着て、赤い長靴をはき、赤いパラソルをくるくる回しながら学校にやってくる。職員玄関の大きな姿見に向かい、うっとりと自分を見ている。そこを通る人におねえ言葉で、「あたしきれい？」と聞く。「きれいじゃない」とか、「わかんない」と言うと、太陽は突然怒り出し、「なに言ってんだ。お前は何さまだ。さからうでない」と、「きれい」と言うまで追いかけまわす。

学校に見えたお客さんのハイヒールが片方だけなくなり、みんなで捜していると、太陽が、その片方だけをはき、優雅に歩いていたりした。

私がはじめて特別支援学級で担任した「ひまわり級」に太陽がいた。ＡＤＨＤ（注意欠陥多動性障害）と診断されている三年生の男の子だ。ひまわり級には、一年生から六年生までのゆっくりと発達していく子どもたちが八人いる。

太陽は、ほとんどクラスにはいない。あっという間に教室を飛び出し、どんなにがんばっても追いつけない。やっと追いつくことが

できても、「鬼女め」と蹴られたり、つばを吐かれたりの逆襲にひるんでいるうちに、また逃げられてしまうという繰り返しだ。毎日二万歩を超える太陽の「旅」につき合うのはほとほと疲れ、「はー」とその場に座りこんでしまった。

ところがである。逃げていたはずの太陽が何やら言っている。「この桜吹雪が目にはいらぬか」と言いながら、片肌を脱ぎ始めたのだ。私の頭の中で「遠山の金さん」のテーマソングが鳴り、謎がやっととけた。太陽は時代劇の世界を旅していたのだ。

「お奉行様とはつゆ知らず、大変失礼つかまつった」とひざまずいた。すると太陽は、「わかればよいよい。ちこうまいれ」と、私を手招きするではないか。

赤のジャージを腰まで下げ、袴のようにして、「姫、ついてまいれ」とひまわり級へ、私と一緒に戻った。太陽の世界に入れてもらった私は姫で、邪魔するものは鬼女。太陽が一年生の朝顔の支柱を全部抜いたり、高跳びのバーを持ちだしたりすることすべて、太陽にとって必要なものだった。訳が必ずある。

77 御用だ、名をなのれ

私は太陽の世界、時代劇にどっぷりはまることにした。まず、配役を決めなければと、支援級担当の先輩・矢車先生と話す。矢車先生は、月光仮面や赤胴鈴之助の映画で育った世代なので、のりのりである。矢車先生はお守係の「三太夫」になった。

悪代官役には、教頭先生しかいないと、「太陽の指導のために、ぜひ」とお願いした。「いや、僕にできるかな。校長先生の方がよいのでは……」と教頭先生が言うと、隣にいた教務主任の柳川先生が「いやぁ、教頭先生ほど、お代官様にふさわしいお方はいらっしゃいません」と、手をすりすりしながら言った。それを聞いて私は「それでは教頭先生にはお代官役、柳川先生にはぜひ越後屋役をお願いします」と二人に頭をさげた。

六年生の先生方が修学旅行のお土産に、印籠とちょんまげと十手を買ってきてくれた。ありがたい。

太陽が職員室に逃げ込むと、事務の佐助さんが「御用だ、御用だ」と十手を持って、太陽を追いかける。佐助さんは警備員をやっていたせいか、ものすごく足が速い。太陽はすぐ、御用となってし

まい、そこでお代官様のお白洲が始まる。

「名をなのれ」

「ははぁ。太陽丸と申します」

「お主はなぜ、この不審者注意と書いた看板をぬいてきたのだ」

「これは知らぬとは言え（太陽は文字は読めない）失礼つかまつった」

「では、花の鉢植えを三〇鉢を申し伝える」

「ははぁ」

太陽は、教頭先生と佐助さんと一緒に花の苗を植えた。熱帯魚の水槽掃除をしている時、太陽が魚の名前を覚えたと、教頭先生がびっくり顔で話してくれた。

　市の支援級の全員が参加するバス遠足では、付き添いを越後屋の柳川先生が立候補してくれた。「越後屋～」と叫ぶ太陽を公園中、追いかけて遊んでくれた。何事かと振り返る人もいたが、二人とも笑顔だった。町娘役の養護のまゆみ先生に手をつないでもらって、にこにこ顔で帰ってくる太陽。ほっぺがちょっと紅い。

78 帰ってこないウルトラマン

「あっ、太陽が戻ってきた。また、三分だったね」と、矢車先生と話す。特別支援級のひまわり級の太陽は、三年一組で朝の会での交流をさせてもらっているが、大体三分で帰ってくるので、「太陽ウルトラマンタイム」と呼んでいる。

三年一組の担任は、五〇代の堅井先生だ。「なんでひまわり級の子どもまで面倒みなきゃいけないのか」と言われたが、太陽だけお願いした。むすっとしている顔が印象的だった。

その日は太陽がなかなか帰ってこない。介助員も付き添っているが、私は他の子どもの付き添いで、様子を見には行けなかった。心配だった。

休み時間になり、一組の子どもたちががやがやとひまわり級にやってきた。そして、「これ、太陽が描いたんだよ」と一枚の絵を見せてくれた。みんなにこにこして、太陽をほめてやってほしいと口ぐちに言う。テッセンの花が描かれていた。

「ええ？　太陽は今まで鉛筆も持ったことがないんだよ。どうして……」と言うと、堅井先生が、子どもたちの後ろから笑顔で現れ

た。「いやー、ぼくが描いてみるかと言ったらね、太陽が赤、好きと言うのでね」と先生は言った。

確かに花びらにうすい赤い絵の具の線が何本か描いてある。結構いい感じだった。「堅井先生、あなたは天才。すごい」と言うと、先生は「僕は何もしてない」といつもの能面仮面にもどった。

職員室でも「堅井先生の絵の教え方は、やっぱりすごい」とみんな感心しながら見入っていた。

放課後、お礼にコーヒーを入れて持って行くと、「僕は紅茶派ですが」と言う。「すみません」とあやまると、「いやいや、たまには飲みますよ」と、口をつけてくれた。

「知っているかもしれないけど、僕は何回か暴言とかで注意を受けている。子どもも好きじゃない。女房も家を出て行ってしまう男だ。でも僕の絵を描くのをじっと見ている太陽。その目がなんだかよかったんだ」と言うと、コーヒーを一気に飲みほした。

次の日から、太陽は図工の時間も一組に行ってよいことになった。朝の会はきっちり三分で帰ってくるのは変わらないが。

79　跳んだ、ハイタッチ

ひまわり級の窓をどんどんたたく人がいる。堅井先生だ。何か失礼があったかと恐る恐る窓を開けた。「太陽が外にいるが、今体育でハードルをやっている。太陽にも跳ばせるのでよく見ているように」と、それだけ言って窓を閉めて行ってしまった。

特別支援級の同僚の矢車先生も呼んで外を見ると、確かに太陽は体育をやっている一組のあたりをうろうろしている。でも、みんなと一緒に行動することが苦手な太陽に、どうやってハードルを跳ばせるのだろう。

堅井先生は、太陽に向かって何やら怒鳴っている。太陽も「何を言うんだ。せいばいしてやる」と怒鳴り合いになった。怒った太陽は、いつものように百八〇度くるっと向きを変えて走りだした。何とそこには、低いS棒（超小型のハードル）が一〇本ほど置いてあった。太陽はS棒を見て、走るのをやめようとするが、堅井先生がまた大声を出す。その勢いにつられて太陽は見事S棒をまたいだ。

一組の子どもたちは大歓声をあげ、太陽を迎えた。女の子とハイタッチをしている太陽。

運動会で平均台をまたぐ競技をやるのだが、これで一つはクリアできたからだ。特に交流級のニンニンが喜んでいた。矢車先生は「手が震える」と言いながらビデオを撮っていた。

放課後の職員室。みんなで太陽の感動の様子を見ていると、堅井先生も遠くで見ていた。職員室で笑ったり喜んだりしながら、子どもの話ができる幸せを感じていた。太陽のおかげだ。

太陽のことを喜んでくれたニンニンは、朝、授業が始まる前、きっちゃんと太陽の三人で遊ぶ仲間だ。ビニールの刀での切り合いが大好きで、汗をかいて頭から湯気が立つくらい毎日遊んでいた。

実は、ニンニンは漢字が苦手で、堅井先生は全部書けるまで、ニンニンを遊びに出さなかった。「ニンニンが漢字をよく書けるようになったと思ったら、太陽が、勉強がよくできる真純に頼んで、ニンニンはその答えを写していたんだよ」と堅井先生が笑いをこらえて話してくれた。矢車先生に叱られている太陽の後ろに、同じように頭を下げたニンニンがいた。

80　"豆腐小判"をどうぞ

太陽は朝食で三合ものご飯にふりかけをかけ、完食して登校する。ほかに食べるものは、田舎のばあちゃんが送ってくれる「ばばちゃんミカン」くらいだ。給食の時は、パンの耳しか食べない。パンのやわらかい所しか食べない星太郎と交換して食べている。二人はよくけんかしているが、給食の時だけは仲良く助け合っている。その姿は何ともほほえましいのだが……。

太陽が一組に行って給食を食べた時、欠席の人の分のミカンを食べたいと、大泣きした。一組では、全部食べた人からお代わりができるきまりになっている。

「太陽はパンの耳しか食べていないので、お代わりはできない」と大ちゃんが力説をしている。あやのちゃんが「大ちゃんはいつもお代わりしてるんだから、今日だけはあげたら」と言うが、大ちゃんは「きまりはきまり」と譲らない。

私は迷ったが、泣いている太陽をつれてひまわり級に帰ってきた。そこで、考えた作戦とは……。

味噌汁の入った食器にナプキンをかけ、太陽に「えっへっへ、お

代官様、これは越後屋が腕によりをかけて作りました味噌汁まんじゅうでございます」とうやうやしく差し出した。太陽は何やら怪しいものと感じたらしく、「あっちいけ、あっちいけ」と逃げ腰になっている。

「いえいえ、お代官様、味噌汁まんじゅうの底の方には、何やら光るものが……」と言うと、一気に時代劇バージョンに入った。「なにぃ、底の方だと」と味噌汁をかきまぜ始めた。

「おーおー、何やら入っておる。なんと小判じゃ」と底に沈んでいる豆腐をスプーンですくい始めた。「一両、二両、三両、後はたくさん両、たくさん両……」と豆腐を並べて眺めていた。

「お代官様。どうぞ豆腐小判をお召し上がりください」と言うと、太陽は半泣きになりながらも豆腐を口に入れた。豆腐は食べられるようになった。

次の日から、酢豚まんじゅう、唐揚げまんじゅうと作戦は続いた。

ある日、給食の用意をしている私の肩をとんとんとたたき、「おぬしも悪じゃのう」と太陽がにんまり笑った。

81　親分さん、てーへんだ

太陽がほとんど教室にはいないままでよいのか迷っていた。太陽の前担任に、「太陽は学校中を歩き回ることで発達刺激を受けている。席にすわらせることはストレスになるだけだ」と言われ、ますます迷い、揺れていた。

そんなある日、一年生の大河が逃げてしまった。星太郎も清掃車を見に行ってしまった。五年生のミンタを交流級へ送って行かなければならない。矢車先生は出張でいない。私はあまりの忙しさにきれかかっていた。

するとそこへ、黒い影。太陽だ。だめもとで、「てーへんだ、てーへんだ、親分さん。大河が逃げてしまった」と太陽に言ってみた。すると太陽はくるっと向きを変え、

「なにぃ。合点だ。大河はあっしが探すでござる」と、私と一緒に大河を探し始めた。

「大河め、神妙にお縄を頂戴しろ。♪誰が呼んだか、誰が呼んだか♪」と銭形平次の歌を歌いながら、あちこち大河を探す太陽。

私が「あっ、大河だ。親分さん、お願いいたします」と頼むと、

太陽は全力疾走をして、あっという間に大河に追いついた。

「御用だ、御用だ。ピシッ、ピシッ（銭を投げるまねをする）、大河まいったか～。先生にあやまれ――い」と太陽が言うと、大河が「ごめんちゃい」と言いながら戻ってきた。大河は、太陽だっていつも逃げてるのにと、不思議そうな顔をしていた。

この時から、「親分さ――ん、てーへんだ」と言うと、太陽はどこからか現れ、私と一緒に大河を探してくれるようになった。

ひまわり級の学級会で、「追っかけ係は太陽さんでいいですか」と提案すると、大河の手もあがっているので、なんだかおかしかった。

「親分さ――ん。おっかけ係」と呼ぶと、太陽はほとんど戻ってきて、算数セットのおはじきを腰につけ、大河を見つけてくるのだった。

「かたじけない」と言うと、にこっと笑い、仕事をやったぞという顔で、しばらく席についている。が、いつの間にかまた、旅に出てしまう太陽であった。

82 なぞの星太郎

あっ、また星太郎がいない。星太郎は山下清に似た、一メートル三センチのひまわり級の三年生。いやなことは寝たふりをしたり、怒って物を投げつけたりして、意思表示をする。「ヤー」「バーバー」（バイバイ）の二語で生活をしている。難病のため歩行障がいがあるが、自分の好きな所にはどんどん歩いて行き、楽しそうに何やらやっている。

いつの間にか校外に出て行ってしまう星太郎を今日も必死で捜す。あっ、いた。もうしようがないなぁと思い、声をかけようとした私は、思わず足を止めた。星太郎はまるで恋人を見つめるかのような目で、学校に出入りしている教材屋さんの政さんの車をなでていた。「アーウー」と何か語りかけながら……。

車のドアノブをなでたり、バックミラーに「はぁー」と息をかけては拭いたりしていた。ナンバーを一字ずつなぞり、泥をとる動作を三、四回繰り返していた。そして満足した顔で、そばの石の階段の所に、じっとしてすわっていた。

しばらくして、政さんが車のところに戻ってくると、「はぁーい」

と満面の笑みを浮かべて立ち上がった。

「星ちゃんありがとうな。いつも車、きれいにしてくれてなぁ」と政さんは星太郎を肩車してくれた。その時の星太郎の嬉しそうな顔といったらなかった。「バーバー」と車を見送ると、星太郎はすたすたと教室へ戻って行った。

次の日も星太郎はいなくなった。体育をやっている時である。ごみ収集車の所に行って、金網にひっついて、じっとおじさんの動きを見て、何やら話している。

おじさんに星太郎のことを聞いてみると、「体育の時間はほとんど見に来ているよ。いないと風邪でもひいたのかと心配するくらいだ。この子、耳がいいんだ。車が来ないうちから待っているから。あんた、星ちゃんの新しい先生かい。いい子だよ。どうぞよろしくお願いします」と頭をさげてくれた。

私の指示したことはほとんどやらないので、耳が悪いのかと思っていた。体育がいやで逃げ出していると思っていたのに、車が行ってしまうと、星太郎は体育をやり始めた。星太郎のなぞはとけない。

83　わんわんこ、こわい

火曜日は体育館での朝会なのだが、星太郎は外に出ると言って、大暴れしている。いくらなだめてもだめだった。そこへオルゴールの音もさわやかに石油配給車が登場。

「星ちゃん、あんたはえらい。音が聴こえたんだ」とはじめて彼なりの目的と段取りがあることがわかった。

「見に行きたいの?」と聞くと、涙で砂がはりついた豆大福のような星太郎の目が笑った。せめてものお詫びにと、星太郎を抱っこして車を見に行った。♪ブーブーブーブーハァーィ♪と、歌までサービスしてくれた。

そんな星太郎が大好きな時間は、本の読み聞かせの時だ。本を読んでいるといつのまにか、ほっぺをくっつけてくる。「バーバー」と、星太郎がもう本とバイバイしていいよと言うまで、何度も何度も同じ本を繰り返して読むのが日課だった。

しかし、その日は様子が違った。私の椅子をヨイショヨイショと教室の隅に運び、一冊の本を私に手渡すと、急いで机の下にもぐりこみ、顔だけ出して、しかも片目をつぶっていた。

「犬がわんわんとないて」というところを読むと、星太郎は私から本を振り落として、「わんわんこ」と泣きじゃくりながら抱きついてきた。

数日前、ひまわり級で散歩に行った時、年配のご夫婦が犬をつれてベンチで休んでいた。犬好きの愛ちゃんは抱っこさせてもらった。おとなしいかわいい犬だった。子どもたちがご夫婦からおせんべいをいただき、食べようとした時、その犬が、星太郎のおせんべいに飛びついてきた。大泣きであった。その時から犬はこわくてこわくてしようがなくなったのだろう。

しかし、星太郎の大好きの本には犬が出てくる。そのページをとばして読むことは律儀な星太郎にはできない。そこで、準備万端整えて臨んだのに、やっぱり犬はこわかった。泣きながら思わず「わんわんこ」という言葉がとびだしたのだろう。

泣きじゃくる星太郎の背中をなでながら、精いっぱいの言葉がうれしかった。星ちゃんは言葉のない子じゃないよね。伝えたいと、こんなに思っているんだものね。

84　給食室に行っちゃダメ

給食は、町の給食センターから学校に運ばれてくる。民さんと歌子さんが給食を受け取り、配膳の準備をしてくれている。二人は、開校以来働いているので、子どもでも教師でもびしばし指導する。その二人に、星太郎はとても可愛がられている。給食室には星太郎の椅子があり、牛乳を数えたり、パン箱をきちんと並べたりしながら、当番が来るのを待っている。給食が終わると、食器やおぼんなど一クラスずつ点検する。星太郎がにこっと笑いながら、「ハ～イ」と言うと合格、「ブーブー」と言うと不合格になる。

Ｏ《オー》１５７のことが新聞に載り、校長先生から、身支度ができない星太郎は給食室に入ってはいけないと言われた。それを聞いた民さんが、「星ちゃんはだんだん歩けなくなっていて、ヨイショって自分の足を手で持ち上げて一生懸命やってるんですよ」と言い、歌子さんは泣いていた。感覚過敏もあるのか、マスクはゴムがいやでいくらつけさせようとしても取り、帽子は何回かぶせても脱ぎ捨てる。

私はひまわり級の学級会を開くことにした。言葉を話せるのは、四人だけだ。でもみんなで話し合いたかった。

私　みんな聞いて。Ｏ１５７って知ってる？
愛　知ってる。ぽんぽん痛いよ。
隆　ぴーぴーよ。テレビ。死んだ、死んだ。
私　（Ｏ１５７の説明をする）それでね。白衣とか着ないで、給食室に入っていいと思う？　いけないと思う？
愛　いけない、いけないよー
（星太郎は、机に顔を伏せ、肩を震わせて泣いている）
大河　星ちゃん泣いてる、泣いてる。
太陽　星ちゃん泣いちゃだめだ。悪者は姫先生だ。せいばいしてくれる。エイヤー。
私は星太郎を抱っこして、「もし行きたいなら、白衣着る練習をしてから行こう」と言った。どうしても行きたいなら、もう一度校長と話し合おうと思っていた。
次の日、星太郎は準備の時には給食室に行かず、事務の先生にカタログクイズを出してもらっていた。白衣を着なくてよい給食の片づけの時、「ハ〜イ」と笑顔で点検している星太郎であった。

85 お話はハンドサイン

算数の時間で、星太郎が問題に使ってほしい物を持ってくる。「星太郎さんが赤いミニカーをモモちゃんから三台、太陽さんから青いのを二台もらいました。全部で何台になりましたか」と聞くと、「はぁーい」と言いながら、黒板に五と書く。

ある時、本を持ってきたので「本が一〇冊あります。四冊返しました。あと何冊残っていますか」と問題を出すと、突然大泣き。減ってしまう引き算はどうも嫌いらしい。

学級園のプチトマトを取ってきて、「五個あるトマトを三個食べました。残りはいくつ」と問題を出してから三個食べた。残りが二個と黒板に答えを書き、星太郎はにこにこしている。引き算も好きになった。

星太郎は算数の問題作りがすっかり気に入り、いろいろなものを持ってきた。実物がないと本や図鑑、絵カード、それもない時には、身振りで表すようになった。簡単なハンドサインをやると、星太郎は自分で考えて、友達と話すようになった。

ある日、交流級の三年二組で、星太郎が胸をたたいて、「バフィ、

アシシ、アーン、ハー」と言いながら足をさして歯を見せ、泣く真似をした。すると、シカオが「先生、わかった。星ちゃんは『僕はバスに乗って、足の病院と歯医者へ行く。泣くかも』って言ってる」と興奮して言った。星太郎もこっくりうなずいた。お月さんのような真ん丸顔に、三日月のような目で笑っていた。他の子どもたちも星太郎とハンドサインのおしゃべりで、やりとりをするようになっていった。

星太郎が図書室の入り口でつまずき、靴の泥落としのあみあみ模様がくっきりつくほどの大けがをしてしまった。血まみれだった。もう自力で図書室への階段は上がっていけないのかもしれない。

次の日、三年二組の子どもたちが星太郎を呼びに来た。おんぶして教室に行くと、星太郎のお気に入りの本が全部揃えてあった。そこには「ほしちゃん文こ」と書かれていた。子どもたちが校長先生と司書の先生にお願いして用意してくれたのだ。

「アートウ」と星太郎がお辞儀をした。教室のひだまりで本を読む星太郎を、子どもたちの笑顔が囲んでいた。

第Ⅲ部　発達に困難を抱えた子どもたち

86 アンガト、ミンナ

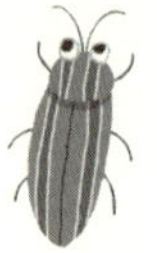

「星太郎が亡くなりました」という電話があった。卒業して数年後の突然の知らせだった。

あわてて星太郎の家に行くと、花に囲まれた彼は静かに眠っているようだった。呼吸困難で入院していたが、容態が回復したので、家族が荷物を取りに自宅に帰った後に亡くなったということだった。星太郎が目を覚ますような気がして、顔を見つめていた。

するとお母さんが、「先生、この写真大切にしてます」と、小学校三年生の時の運動会の写真を持ってきてくれた。

「これ。星太郎が一人で立って、走った最後の写真です」とお母さんは言って涙ぐんだ。

その年の運動会では、練習に入ると、お母さんは髪を三つ編みにしてサスペンダーを着て、星太郎と一緒に八〇メートル走の練習をしていた。「星太郎、走れー、足あげて」。その声に応えるように、がんばって走った星太郎。ちょっとだけ右足をひきずるように。子どもたちも参加して、わいわい楽しい朝の時間になった。

運動会当日。ゴールした星太郎を、お父さんとお母さんはいつま

でも「よくやった、よくやった」と抱きしめていた。それが星太郎が走った最後の運動会になった。

車イスの星太郎を、お父さんもお母さんもいろいろなところに連れて行き、様々な体験をさせ、人にもどんどん会わせた。「せめて命のあるうちに」とのご両親の思いが伝わってくる。

私が手をけがして手術をし、包帯を巻いて遠足のバスに乗っていた時だ。星太郎は心配そうに私の手を見つめ、「アシシ　イチャー（胸をたたいて）バフィ（僕が行っている足の医者にバスに乗って一緒に行こう）』と言ってくれた。やさしかった星太郎……。

通夜には大勢の人が集まった。星太郎の思い出話をすると、笑いが起こり、涙があふれ、その繰り返しの通夜になった。

会場の正面には「はじめて描いた絵」が貼ってあった。「アーンと口を大きく開けて、歯をカクカクと四角にいっぱい描いて、鼻の穴を大きく二つ、上手に描けたね」と言いながら、私と描いた自画像。おにぎり頭の星太郎の目はやさしく笑っていた。

「アンガト、ミンナ」と。

87 「まま」という字

「ノンちゃんの息が変です」と介助の美鈴さんが、走って言いにきた。ノンちゃんは脳性まひで、発達の遅れもあり、発作も抱えている四年生。病院の担当医に電話をすると、すぐ救急車で来るようにと言われた。ノンちゃんのママにはなかなか電話がつながらない。救急車には、私が乗った。

サイレンの鳴る移動中、救急隊員はノンちゃんの担当医と連絡を取りながら、手際よく処置している。病院に着くと、大勢のドクターが待っていて、あっという間に診察室に。そこにはもうノンちゃん用のベッドが用意され、どんどん検査器具や管や酸素マスクがつけられ、ノンちゃんの命を守ろうという緊迫した空気に包まれた。

呼吸が少し落ち着いてきた時、担当医に呼ばれた。

「ノンちゃんは生まれてから入学の一〇カ月前まで、この小児科で育ちました。歩くことはもちろん、すわることも完全ではなかったのですが、できるだけ学区の支援級に通わせたいというのでね」と話してくれた。

ノンちゃんのお母さんがあわてて診察室へとびこんできた。パー

トのスーパーの制服のまま。「すみません。お薬をよくかきまぜないで飲ませていました」と、隣の部屋で何度もおじぎをしながらあやまっていた。いつも明るくて頑張り屋のお母さんが小さくなってあやまり続けていた。ノンちゃんは、看護師さんに遊んでもらい、「えへえへ」ともう笑い声も出ている。ほっとした。

私は思い切って、「ノンちゃんは右利きですか、左利きですか」と主治医に聞いてみた。「残念ながらまだその段階までいってはいないです。ところで、名前を書けると聞いたのですが……」と言った。ノンちゃんにそーっと鉛筆を握らせると、ノンちゃんはゆっくりと「くしだのん」と書いた。「本当だったんですね」と、主治医は信じられないという顔をした。他の先生たちからも、次つぎノンちゃんの指導について質問され、研究会のようになってしまった。

元気になったノンちゃんは、難しくて鏡文字になってしまう「ま」の字の練習をがんばった。迎えにきたお母さんにすぐ見えるようにその紙を窓に貼った。お母さんは泣き笑いの顔で「まま」という字を何度もなでていた。

88　一緒に鳴らしたかったの

「かんちゃんがいない」と介助員の愛子さんが叫んだ。

かんちゃんは発作を起こしたら三〇分以内に病院に搬送しないと命が危ないと言われている支援級の一年生だ。ことばはなく、ウォーウォーと叫びながら、壁や柱に頭を打ちつけるので、目が離せない。怒ると、どこからそんな力が出るのかと思うほど、叩いたり、つねったりするので、私たちの手や腕にはあざが絶えなかった。

また眠っているように見える時も発作を起こしている可能性があると医師に言われたので、素人の私たちでは、寝ているのか発作なのか判断がつかず、不安でしょうがなかった。おむつ替えや、体温調節、二時間ごとの体の清浄など、かんちゃんには常に二人体制で臨まなければならなかった。

水をうまく飲むことも、噛むこともできなかったので、給食は丁寧にすりつぶしながら、スプーンで口まで運ぶ。いやなものは吐き出したり、おわんをひっくり返すので、汗だくの給食になる。

二カ月後、とうとう介助員さんが突発性難聴で療休に入ってしまった。過剰労働を反省し、私はものすごく落ち込んだ。校長先生

にお願いして、教務の先生の補てんはあったが、それも毎日ではなく、疲労は蓄積していった。
ある日、睡眠障害もあるかんちゃんは、大ぐずりで頭突きを繰り返し、けがをしそうだった。安全のためにひとまずサークルの中で寝かせることにした。しばらくとんとんしていると眠った。これで安心と思い、音楽の授業を始めた。
かんちゃんが寝ていてくれると、なんだか授業がスムーズに進む。ところがみんなでハンドベルの練習をしている間に、かんちゃんが消えてしまった。かんちゃんは体が小さく、足もうまく開かないので、ベッドのサークルの柵は越えられないはずなのだが。
「ああー、あそこ!」と愛子先生が指さす方を見ると、かんちゃんがハンドベルを口で引きずるようにして、みんなの方へ来ようとしている。必死にハイハイして。サークルにはタオルや枕が集められ、踏み台のようになっていた。みんなと一緒にやりたかったんだ。みんなのところにたどり着いたかんちゃんは、愛子先生に支えてもらいながら、かんちゃんスマイルでハンドベルを鳴らした。

89 悩みを聞いて

由希は、吃音障がいをもつ五年生。町のはずれの学校から週一回、ことばの教室に通ってくる。「ウザッ。超だるー」と言って、学習にはなかなかとりかかってはくれない。由希の来る木曜日は少し気が重かった。

その日は、いつもよりバージョンアップしていて、手あたり次第、物を投げ続け、お母さんは黙って教室を出て行った。

母親が出て行くと、由希はうつろな目で、「ことばの教室って、子どもの悩みもきいてくれる?」と言った。「もちろん」と私が言うと、由希の目から涙があふれ出た。

「あのね。お母さんが家を出て行った」と由希は言った。「もう何回もお母さんは家を出て行ったことがあるけど、今度はもうアパートも借りるんだって」と言って、涙をふいた。今日は学校のそばで待ち合わせをして、ことばの教室に来たと話してくれた。

迎えにきたお母さんと話すことにした。

「私、疲れました。今度こそ家を出ようと思ってます。由希の姉は難聴で、あの子はそのことでいじめられて、よけい反抗がひどく

なり……」と話し始めた。
　由希の姉、桜子は中学校の二年の夏休みから友達と遊びまわり、家には帰ってこなくなった。二年後に、男の人と、生まれたばかりの赤ちゃんを連れて戻ってきた。ぶらぶらしているのに、遊ぶ金は無理やり持って行く。赤ちゃんのことはお母さんまかせ。大ゲンカした後、一人でがんばっているのが空しくなって、家を出たと話してくれた。
　そして、三週間後。「先生、桜子はアパートへ引っ越させ、彼氏もバイトだけど働き始めました。由希が『怒鳴り合わないで！　赤ちゃんや私のことも考えて』って泣きながら言ったので、何度も話をしました。即解決にはならなくても、できることからやろうということになりました。私もできないことや、違うと思うことは我慢しないで言うことにしました」とお母さんが話してくれた。
　その三週間はとても良い子で頑張っていた由希だったが、問題が解決すると、「超だるー、やりたくない」と言う、いつもの由希に戻った。そんな由希が何ともかわいかった。

90 不幸のかたまり

彗星は、ことばの教室に通級している通常級の四年生だ。算数博士と呼ばれる一方、「怒りのかたまり」とも呼ばれている。トラブルを起こしても、絶対あやまらない。勝ち負けにこだわり、負け始めると蹴ったり殴ったり、大暴れをする。

そこで、子どもたちの間で起こっていることは子どもたちの中で解決していこうと、ことばの教室でグループ指導を始めた。自分たちの遊びたいものを話し合いで決めることにしたのだ。

彗星は、提案したかくれんぼをみんなに反対され、グンちゃんにとびかかる。作太郎はずっと「ボーリング、ボーリング」と叫び続けている。タイちゃんが風船バレー用の風船をふくらますので、風船が大嫌いな作太郎は耳を塞ぎ、泣き始めた。

おろおろしている私を尻目に、司会のミクは「では、話し合いがけんかになったので、一番ジャンケン、二番くじ引きのどっちがいいですか」とさっさと進め、ボーリングに決まった。

すると、子どもたちは今までのことがなかったように、プレイルームに行き、準備を始める。トラブル続きで何週間も遊べなかっ

た体験から、学んだのだ。

　ボーリングのボールはとんでもない方向にいってしまう彗星。泣きそうになりながらも、黒板に手書きのスコア表を書いていく。

「次はグンちゃんです。おっと、ストライク！」とバットを持って実況放送も始めた。絶好調の彗星。しかし、唯一点数の計算ができる彗星には、途中で自分はびりだとわかってしまった。泣きそうになりながらも、最後までがんばって点数をつけた。今までだったら、暴れてゲームそのものをぶち壊していたのに。

　優勝したグンちゃんの「チャンピオンの印をください」という言葉につられ、あわてて金メダルを作り、表彰式をした。

　すると、彗星が「僕は不幸のかたまりだ」と戸棚に隠れてしまった。やっと出てきたのはみんなが帰り、暗くなってからだった。

「実はメダルがもう一個あってね。心の金メダルと言ってね」と言う私をにらみつけ、ガンガン壁を蹴りながら「怒りのかたまり」となって帰って行った。

第Ⅲ部 発達に困難を抱えた子どもたち

91 心の金メダル

ことばの教室のグループ学習で、彗星がボーリングで負け、戸棚に閉じこもった次の週。彗星以外、みんなボーリングがいいと言い、またボーリングをすることになった。まったく同じ展開で、グンちゃんが一位になり、彗星はビリになってしまった。

私は彗星がまたキレてしまうとあせっていると、ミクがすっと立って、「表彰式を始めます」と言った。手には折り紙で折ったメダルが四つ握られていた。ミクの大好きな水色のメダル。みんなはいつもと違うミクの様子を感じたのか、静かに席についていた。

「タイちゃんは、ピンをきれいに並べてくれたで賞です」と、タイちゃんの首にメダルをかけてあげた。確かに、タイちゃんはとても几帳面で、ピンをきちんと並べ、すぐゲームが続けられた。

「作ちゃんは、順番を守れてえらかったで賞です」とミクに言われて、作ちゃんは照れながらメダルを首にかけてもらった。作ちゃんが順番を守ったので、トラブルがなく、スムーズに進行したのだ。

「グンちゃんはいっぱいいっぱい倒したので、ピンを数えるのが楽ちんだったで賞です」と言われ、満面の笑みのグンちゃん。

そして、自分は何賞かと、じっと椅子にすわっている彗星に、「彗星さんは、誰もつけられない点数をつけてくれてありがとう賞です」とミクは言った。

みんなの拍手の中、彗星はメダルをかけてもらうと、メダルを高々と掲げ、みんなに見せた。

ミクのお母さんが、私を陰に呼んでこっそり教えてくれた。

「ミクは先週、彗星さんが閉じこもってしまったのを見て、メダルをお姉ちゃんに教わって一生懸命作りました。ミクは不器用だから何度も折り直して。それで今日始まる前に、彗星さん以外のお友達には『メダルあげるから、絶対ボーリングね』って、根回ししてました」と。

ミクは、メダルがもらえなかった彗星のために、もう一度ボーリングをやりたかったのだ。私の失敗をミクがフォローしてくれた。

彗星が私に言った。

「ミクちゃんは、心の金メダルです」と。

92 ステンドグラス

それぞれの学校から集まってくる通級のことばの教室で、彗星たちのグループのお楽しみ会をやることになった。

飾り係のミクが折り紙を見せて、「ここにのりをつけて、くるんとやると、くさりになるよ」と彗星を誘った。すると、「ミクちゃんはいいよ。そういうのが作れるから。ぼくなんて、のりもはさみもだめだ」と彗星は突然、怒り始めた。

グンちゃんがマジックでプログラムを書いているのを見て、「ぼくには、マジックなんて誰も使わせない」と怒りは増すばかり。

彗星が一年生の時、マジックで、駅名を「机↓イス↓床↓友達のランドセル」と書いて叱られた。それ以来、マジックはいやな思い出になり、スイスイ書いているのを見るといらいらするらしい。

作太郎が「これ、きれい」とセロハン紙を、陽にかざして見ている。「彗星も見なよ。宇宙みたいな、クリスマスみたいな」と、セロハン紙を渡すと、彗星は「こんなもの」とくしゃくしゃにして、床に投げた。ミクはそれを拾って伸ばして「でこぼこだけど、彗星さんが重ねたところがすてきなステンドグラス」と窓に貼って帰っ

て行った。

お楽しみ会の当日。ミクのお母さんから「雷が怖くて、ミクは家から出られません。会を始めてください」と電話があった。その日は、春雷が鳴り響いていた。

子どもたちは、ミクちゃんが来るまで待つと言う。しかし、雷はやまず、あきらめようと思っていると、なんとミクが現れた。

彗星が「僕もゴキブリを見ると、動けなくなるよ」と言って、ミクを迎えた。お母さんが、雷が鳴っていない間にミクをおんぶして車に乗り込んだと話してくれた。

お楽しみ会が始まった。作太郎がカラスのマネをすると、本物のカラスがやってきて大うけ。グンちゃんが「肩車をやりたい人」と誘うと、彗星だけ手をあげなかった。「僕は四年にしては重い。グンちゃんの首が折れたら困るから」と申し訳なさそうに言う彗星。私が支え、グンちゃんの肩に乗る彗星は「世界が違う、違う」と大興奮だった。子どもたちが帰った後、窓に貼ったでこぼこのステンドグラスが夕日で美しく床に映っていた。

93　先生んちって、超手抜き

ワコは、二年生の時から不登校になり、父母の離婚により、転校してきた。母はうつ病で、ほとんど寝たきりである。ワコはＬＤ傾向もあり、一年前からことばの教室に通級し、二年目は私が担当することになった。

ケース会議の中で、前担当の黒坂先生が「ワコのお母さんが、洗濯機や冷蔵庫がほしいと言えば家に運んだりした。でももっとよいものがほしいなどと言いだし、きりがなかった。結局自立のための支援にはなっていなかったのでは」と発言した言葉が心に残った。

指導一日目。黒坂先生がワコの指導は、においとのたたかいと言っていた訳がわかった。ドアも窓もすべて開けてもなお、猛烈なにおいがする。家がひどく散らかっているのか、ワコが入浴などを苦手としているのか、その時はまだつかめなかった。

また「許せない父、登校班の人、来ても楽しくない学校」と机をたたいて怒鳴っているワコを止めることができなかった。二人の姉も不登校という環境の中で生活をしているためか、欠席が多かった。しばらくぶりの通級には、お母さんも一緒だった。

お母さんは、八〇キロあるワコとは対象的に痩せていて、消え入りそうな声であいさつをした。校長先生やワコのクラス担任の先生に「ワコが行きたくなるような学校にしてください」と激しく迫ったと聞いていたが、その印象とはだいぶ違っていた。

「私が病気で寝ていることが多くて、ワコには何もしてあげられません。ワコは姉妹の中で一番しっかりしていて、私を助けてくれます」とぽつぽつと話した。

夫の浮気、暴力、借金、離婚という人生に疲れて病んでしまったお母さんの支援は、私には難しいかもしれないと感じた。ただワコが生き生きと行動し出すことで、お母さんも生きる意欲が少しは出てくるかもしれないと思った。

「姉たちは何にもしない。お菓子とか、あるものを食べてる」と言うワコ。米は、家のどこかで見たことがあるというので、家庭科室でご飯を炊き、卵焼きを作った。食べながら私の家の簡単ごはんのことを話すと、「先生んちって、超手抜き」と大笑いしながら、湯気の出るご飯にぱくついていた。

94 ワコの大変身

「卵焼き、得意。クルッとできた」と、ワコがことばの教室に飛び込んできた。タコウインナーもできるようになり、来年からの中学でのお弁当は自分で作れるかもしれないと思った。そのころ、教室には入れないが、ことばの教室に来る日が増えてきた。

ワコが「連休中、おばあちゃんの家に遊びに行きたい。でも切符の買い方がわからない」と言う。切符の自販機の絵を描いて、「千円入れればおつりが出てくるよ」と説明する。「私は、わからないことがあると、にこにこしている駅員さんになんでも聞くことにしているよ」とも話す。

連休明け。養護のさとみ先生が「ワコちゃん大変身」と教えてくれた。髪の毛はカットしてあり、カラフルな洋服を着ていた。今まで洋服はフリーサイズの半そでの上着が二枚、ゴムのスカートが二枚。冬はやや小さめのジャンパーを着ていた。

「今までおばあちゃんのおさがりを着ていたけど、おばあちゃんよりでかくなったので、買ってもらった」と話してくれた。ご飯も「三日間で九回食べた。天にのぼる感じー」とほっぺがピンク色。

ご飯は心まで幸せにする。

「修学旅行は行くんだ。先生はイケメンでかっこいいし。お父さんが飛んで火にいる夏の虫で、家に来て、修学旅行のお金、出してくれるって。お父さんには彼女がいるらしいけどね」と言い、修学旅行のしおりを持ってきた。ルビを振りながら一緒に読む。

　ワコのにおいはまだとれていない。修学旅行での入浴とシャンプーが課題だ。学校のシャワーを使って練習はできるが、ワコのお母さんが、自分がやれないから学校でやったんだと感じ、心の負担にならないかと養護のさとみ先生と話した。そこで美容院ごっこをして、シャンプーのまねっこをすることにした。

　次の日、さとみ先生に「髪がつやつや、いいにおい」と褒められて、なんども頭をかいでもらっていた。保健室で「ワコちゃんは、おでこがかわいい」などと言いながらワコが気に入った髪型にした。

　無事修学旅行が終わって、ワコが「修学旅行のおみやげ」と渡してくれたノートの切れ端には、「修学旅行の夢の祭典、まくらなげ、ちょう（超）おもしろかった。サイコー」と書かれていた。

95 わたしはわたしでいい

「夏休みにスナックとジュースをやめないと、先生みたいになっちゃうよ」と言っていたのに、ワコの体重は九〇キロを超えていた。何年ぶりかの体重測定でわかった。

台風の余波で大荒れの日、校庭で傘を吹き飛ばされそうになりながらも必死に歩くワコのお母さん。その後ろを必死の形相で追いかけるワコ。その姿に、ワコが来たくなるような学校にしなくてはと思った。実は、ワコは二年生から運動会には参加していない。

ワコの担任は、運動会の組み立て体操実行委員会を作ることにした。一年生からの思い出を子どもたちから集め、シナリオを作っていった。今までの組体操だと、ワコのように体の大きい子どもは、ほとんど土台になり、校庭での繰り返しの練習はとてもつらいものになる。ワコは、はだしで練習に参加していた。

運動会当日、ワコはすべての競技に参加し、救護係としてもがんばっていた。心配していたお弁当の時間も、母と姉と一緒に好物のいなりずしにぱくついていた。

ワコが登校する日が増えてきたが、がんばりすぎて疲れてしまわ

ないかとも思った。登校することが最終の目的ではなく、ワコ自身が自分のことを好きになり、「登校しても休んでも、どっちも素敵な私」と思えることが大切だと、私は思っていたからだ。

そこで「お疲れ休みカード」を作り、一週間の予定を見て、いつカードを使うかをワコ自身に考えてもらうことにした。

手先が器用なワコは、毛糸のマスコット作りで、友達とつながり、紙芝居を作って一年生の教室へ行くなど、活動の場を広げていった。金髪に染めてきたり、携帯を買ったその日に、メール脅かし事件などを起こしながら、友達との世界を創っていった。

一月、中学校の支援級に体験入学後、表を作り、通常級と支援級の良いところと悪いところを書き出し、「先生の顔が怖いけど、きっと気のせい」などと言いながら何日も見ていた。「中学校はつばさ組（支援級）に入ることにしました。あたしは小学校で何かをやると、自分が変わることがわかった。だからあたしは、あたしでいいなぁと思っています」と、前担当の黒坂先生に手紙を書いた。

あとがき

二年前、『赤旗日曜版』の記者北村隆志さんから、小学校の子どもたちのリアルな生活の様子を書いてほしいというお話をいただきました。お引き受けしたものの、何を書いてよいのか、悩む日々が続きました。

今までの実践記録をずっと読み返していくうちに、うまくいった時のことではなく、私が一番苦しかった時のことを書こうという気持ちになりました。担任して一カ月でギブアップし、五月からはもう療休をとろうと思っていた子どもたちとのことです。

担任が何人も替わるほど荒れていた二年生。その子どもたちを三年生で担任した私は、子どもたちの暴力・暴言を浴び、もぐらたたき状態でトラブル勃発の毎日。怒鳴る、親切にする、わざと無視してみる――。でも、子どもたちにはなんの効果もなく、みるみる教室は荒れていきました。夜遅くまでかけて準備した理科の教材はあっという間に壊され、体育は乱闘また乱闘。誰かがけんかをし、誰かが泣き、誰かが教室にいないという状態が私の心を傷つけていきました。教室でカタッと音がするだけで、何か悪いことが起きるのではと、ドキッとするようになりました。

私は次第に職員室に行けなくなりました。子どもを指導できない甘い教師と思われている、心配してくれる声すらも私を責めているのではないかと思いこんでしまったからです。子どもが起こすトラブルに疲れ果てているのに眠れない日々。でも学校に行くと、体が勝手に動き続ける生活。もう限界でした。

ゴールデンウィーク明けには、もう学校には来られなくなるかもしれないと、教室も更衣室も片付けておいた五月一日。「俺はみんなを殴りたくない。でも、一発殴ると、俺が俺を止められなくなる」とレオは、泣きじゃくりながら私に訴えました。

その涙でぐちゃぐちゃの顔に、やっと私は、子どもたちの荒れる訳を知るのです。子どもたちは、からっぽのランドセルの中に、重たい生活現実をぎゅうぎゅうに詰め込んで学校にやって来ることに気がつくのです。生きづらさは、一番弱いところに攻めてくるということも……。そして社会の矛盾は、子どもや親を責めたて続けていること、それへの怒りや、それを受け止めきれない自分の情けなさもひしひしと感じました。

また、子どもたちは、「荒れる」という行動で、真っ当に生きたいという思いを必死に伝えようとしているのではないだろうか。社会の中にうずもれてしまいそうで、自分は「ここにいるよ」と存在表明をしている子どもたちに、私は応答する一人になれるのか。いえ、なりたいと思いました。

そう思って見つめ直すと、困難に負けない子どもたちの、なんとたくましく生きていることか。そう思えた時、子どもたちがとても愛おしくなりました。「困らせたっていいんだよ。甘えたっていいんだよ」と呼びかける私になろうと思いました。

とは言うものの、現実はそんなに甘いものではなく、「困らせたっていいんだよ」と言いながらも、あまりの困難な課題にうろたえたこと、いらいらしたり、自分の無力さを責めたことも一度や二度ではありません。

しかし、そんな嵐のような時には、いつも助けてくれる人々がいました。子どもたち、職場の同僚、生活指導サークルの仲間、そして地域の方々です。困る私をしっかりと受け止め、慰め、励ましてくれました。子どもたちと一緒に困難に立ち向かい続けるしなやかさとしたたかさを与えてもらいました。今を生きる子どもたちが「困らせたっていいよね。甘えたっていいよね」と言えるような学校や家庭や地域にしていきたい。そう考える人々とつながっていきたいと願っています。

どんなに嵐が吹き荒れても、いつかは止み、遠くの空に虹が見える時がくる。こころに〝幸せになる種〟を持っている子どもたちが本当に幸せになる社会、命が何よりも大切にされる、もっと平和な社会が来ますように……。

春よこい
みんなにこい
子どもに恋（こい）

この本は、『赤旗日曜版』の連載「マリン先生の虹色ノート」として、二〇一二年の四月から二〇一四年の三月まで二年間連載されたものをもとにしたものです（本書収録は二〇一四年二月二三日分まで）。北村隆志さんの適切なご助言と、おくはらゆめさんのすてきな挿絵、そして全国の読者の皆さまから暖かい励ましのお手紙をたくさんいただいたおかげで、連載を続けることができ、深く感謝しております。

最後にこの本の発刊にご尽力くださった、高文研の金子さとみさま、柏森朋さまに感謝申しあげます。ありがとうございました。

二〇一四年二月一〇日

篠崎　純子

篠崎 純子（しのざき・じゅんこ）
公立小学校教諭。通常級・支援学級・通級学級などを担当。全国生活指導研究協議会常任委員。特別教育支援士。臨床発達心理士。
著書に『がちゃがちゃクラスをガラーッと変える』『ねぇ！ 聞かせて、パニックのわけを』『学級崩壊』『教師を拒否する子、友達と遊べない子』（高文研）『荒れる小学生をどうするか』（大月書店）『〝競争と抑圧〟の教室を変える』（明治図書）『教育と福祉の出会うところ』（山吹書店）他いずれも共著。趣味は百円ショップめぐり。おみくじコレクター。

おくはら ゆめ
1977年兵庫県生まれ。辻学園日本調理師学校卒業。絵本作家。『くさをはむ』（講談社）で第41回講談社出版文化賞受賞。『シルクハットぞくはよなかのいちじにやってくる』（童心社）で第18回日本絵本賞受賞。絵本に『やきいもするぞ』（ゴブリン書房）、『まんまるがかり』（理論社）『バケミちゃん』（講談社）などがある。自転車に乗るのが好き。猫と暮らしている。

困らせたっていいんだよ、甘えたっていいんだよ！

●二〇一四年 三 月二五日――――第一刷発行

著 者／篠崎 純子

発行所／株式会社 高文研
東京都千代田区猿楽町二―一―八
三恵ビル（〒一〇一―〇〇六四）
電話03＝3295＝3415
http://www.koubunken.co.jp

印刷・製本／三省堂印刷株式会社

ISBN978-4-87498-538-0 C0037